選択式トレーニング問題集の使い方

1 本書の特長

- 豊富な問題数で、社労士試験の重要論点を網羅。
- 最新の改正箇所が一目で分かる 改正 マーク付き。
- 選択式試験問題としての 難易度 を表記することで、学習優先順位を明確にしている。
- 持ち運びやすいＡ５サイズ。
- 左ページに問題、右ページに解答の見開きで構成されており、学習しやすい。(なお、長文の問題については一部構成が異なります。)
- 空欄ごとの習熟度が把握できる空欄別チェック欄付き。
- 解答ページには、出題条文の空欄に解答語句を当てはめ、完成された文章とした「 完成文 」を収載(過去本試験問題を除く)。条文読込みに活用できるほか、解答語句以外の語句についての対策も可能。
- 色文字が機能的に活用されている。
- 平成26年から令和５年までの過去本試験問題を収載。本試験における合格基準点も掲載。(一部、当時のまま出題している問題や改正により改題させていただいた問題もあります。)

2 仕　様

〔１〕出題問題

科目別講義テキストの内容に対応するオリジナルの予想問題です。

※科目別講義テキストは、資格の大原社労士講座受講生専用教材です。
　科目別講義テキストのみの販売はしておりません。

〔２〕形　式

問題を左ページ、解答を右ページとする見開きの構成です。(一部除く。)

また、過去本試験問題においては合格基準点を掲載。

※ 合格基準点 …本試験における合格基準点を表しています。

3 表示の意味

左 問題(左)ページ

❶ 改正項目：問題文見出しの右横に 改正 が付いているものは、改正箇所であることを示しています。

❷ 難易度ランク：難易度は、選択式問題としての難しさの度合いを示したものです。難易度が高い順に、**A・B・C**とランク付けしています。

難易度 **A** …選択式問題の対策として学習しておかなければ、解答することが難しい問題

難易度 **B** …難易度 **A** ランクの問題と、難易度 **C** ランクの問題が混在した問題

難易度 **C** …択一式問題の対策として学習をしておけば、解答しやすい問題

❸ Check欄：Check欄は、問題の習熟度合を図る目安としてご活用下さい。

❹ 選択肢：5空欄に対し、20個の選択肢が設定されています。選択肢は色文字としておりますので、同色のシートを被せることで文字が消えます。
これにより「選択肢を見ないで解答を導き出す」というトレーニングを行えます。

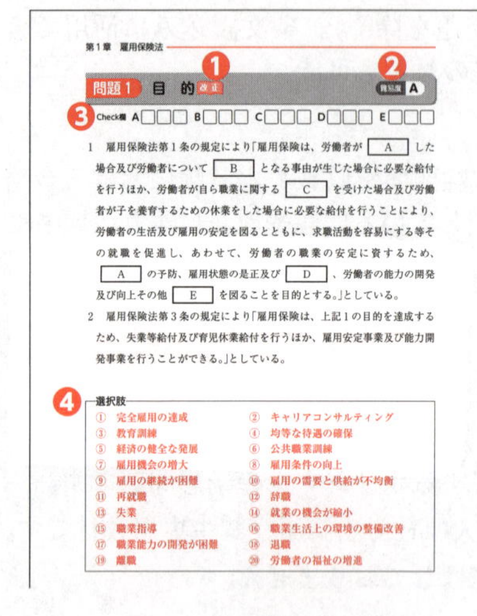
第1章　雇用保険法

❶ ❷
問題1　目　的 改正　　難易度 A

❸ Check欄 A□□□ B□□□ C□□□ D□□□ E□□□

1　雇用保険法第1条の規定により「雇用保険は、労働者が［A］した場合及び労働者について［B］となる事由が生じた場合に必要な給付を行うほか、労働者が自ら職業に関する［C］を受けた場合及び労働者が子を養育するための休業をした場合に必要な給付を行うことにより、労働者の生活及び雇用の安定を図るとともに、求職活動を容易にする等その就職を促進し、あわせて、労働者の職業の安定に資するため、［A］の予防、雇用状態の是正及び［D］、労働者の能力の開発及び向上その他［E］を図ることを目的とする。」としている。

2　雇用保険法第3条の規定により「雇用保険は、上記1の目的を達成するため、失業等給付及び育児休業給付を行うほか、雇用安定事業及び能力開発事業を行うことができる。」としている。

❹ 選択肢

①　完全雇用の達成	②　キャリアコンサルティング
③　教育訓練	④　均等な待遇の確保
⑤　経済の健全な発展	⑥　公共職業訓練
⑦　雇用機会の増大	⑧　雇用条件の向上
⑨　雇用の継続が困難	⑩　雇用の需要と供給が不均衡
⑪　再就職	⑫　辞職
⑬　失業	⑭　就業の機会が縮小
⑮　職業指導	⑯　職業生活上の環境の整備改善
⑰　職業能力の開発が困難	⑱　退職
⑲　離職	⑳　労働者の福祉の増進

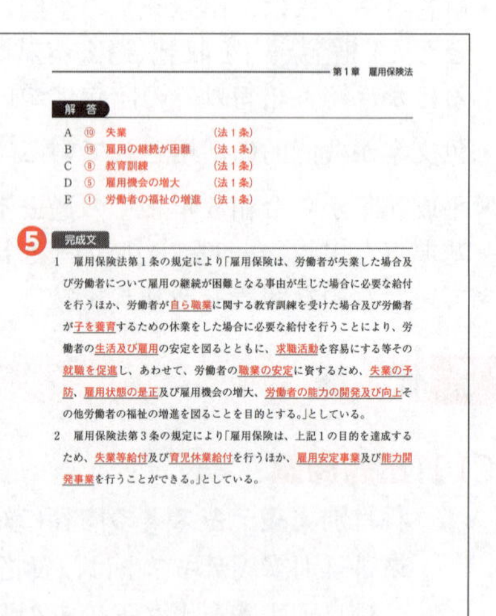
第1章　雇用保険法

解　答

A　⑩　失業　（法1条）
B　⑲　雇用の継続が困難　（法1条）
C　⑧　教育訓練　（法1条）
D　⑤　雇用機会の増大　（法1条）
E　①　労働者の福祉の増進　（法1条）

❺ 完成文

1　雇用保険法第1条の規定により「雇用保険は、労働者が失業した場合及び労働者について雇用の継続が困難となる事由が生じた場合に必要な給付を行うほか、労働者が自ら職業に関する教育訓練を受けた場合及び労働者が子を養育するための休業をした場合に必要な給付を行うことにより、労働者の生活及び雇用の安定を図るとともに、求職活動を容易にする等その就職を促進し、あわせて、労働者の職業の安定に資するため、失業の予防、雇用状態の是正及び雇用機会の増大、労働者の能力の開発及び向上その他労働者の福祉の増進を図ることを目的とする。」としている。

2　雇用保険法第3条の規定により「雇用保険は、上記1の目的を達成するため、失業等給付及び育児休業給付を行うほか、雇用安定事業及び能力開発事業を行うことができる。」としている。

右 問題(右)ページ

❺ 完成文：問題文の空欄に解答語句を当てはめた文章です。
空欄箇所以外の重要な語句も確認することができます。

4 よくある質問

〔1〕択一式対策の学習と選択式対策の学習はどっちが重要？

まず択一式対策、次いで選択式対策の順が効率的

択一式試験・選択式試験のいずれにも合格基準点が設けられている以上、どちらとも重要です。しかし、選択式問題の論点には、択一式問題の論点と重複するものが多く、択一式対策の学習を進めていけば、自然と選択式対策の学力も向上していきます。

まずは、択一式トレーニング問題集などで択一式対策の学習を進め、次いで、選択式トレーニング問題集で選択式対策の学習を進めるという方法が効率的です。

〔2〕全ての問題を解いている時間がない…

難易度 A・B・Cの順で取り組みましょう

時間がないときは、選択式問題としての難易度が高いものから、優先して取り組みましょう。具体的な優先順位は、難易度 A・B・Cの順です。難易度ランクの意味合いは、②ページをご覧下さい。

〔3〕問題の解答方法

選択肢を絞り込んで、正解率を高める

選択式の問題は、５つの空欄に対して20個の選択肢が設定されており、一つの空欄に対する選択肢は、基本的には４個に絞ることができます。この正解肢候補の４個を相対比較し、かつ、問題文のテーマと照らし合わせた上で、最も適切と考えられる選択肢を選ぶようにすれば、正解率を高めることができます。この場合、「選択肢の絞り込み」が重要です。Ａ～Ｅの空欄に対してそれぞれ解答語句を探しだし、空欄に当てはめて適切なものを選ぶ癖をつけましょう。

CONTENTS

改正 は、改正箇所の問題です。
難易度 A・B・C は、問題の難易度ランクです。

第1章　健康保険法

第２章　健康保険法（過去本試験問題）

第1章 健康保険法

問題１　目的、基本的理念　難易度 A

Check欄 A□□□ B□□□ C□□□ D□□□ E□□□

1　健康保険法は、労働者又はその［ A ］の業務災害（労働者災害補償保険法第７条第１項第１号に規定する業務災害をいう。）以外の疾病、負傷若しくは死亡又は出産に関して保険給付を行い、もって国民の生活の安定と福祉の向上に寄与することを目的とする。

2　健康保険制度については、これが医療保険制度の基本をなすものであることにかんがみ、高齢化の進展、［ B ］の変化、社会経済情勢の変化等に対応し、その他の医療保険制度及び［ C ］並びにこれらに密接に関連する制度と併せて、その在り方に関して常に検討が加えられ、その結果に基づき、医療保険の運営の［ D ］化、給付の内容及び費用の負担の［ E ］化並びに国民が受ける医療の質の向上を総合的に図りつつ、実施されなければならない。

選択肢

①　安定　②　介護保険制度　③　高額
④　後期高齢者医療制度　⑤　効率　⑥　国営
⑦　産業構造　⑧　疾病構造　⑨　社会構造
⑩　人口構造　⑪　親族　⑫　専門　⑬　低額
⑭　適正　⑮　配偶者　⑯　被扶養者　⑰　扶養家族
⑱　民営　⑲　老人福祉制度　⑳　老人保健制度

解　答

A　⑯　被扶養者　（法1条）
B　⑧　疾病構造　（法2条）
C　④　後期高齢者医療制度　（法2条）
D　⑤　効率　（法2条）
E　⑭　適正　（法2条）

完成文

1　健康保険法は、労働者又はその被扶養者の業務災害（労働者災害補償保険法第7条第1項第1号に規定する業務災害をいう。）以外の疾病、負傷若しくは死亡又は出産に関して保険給付を行い、もって国民の生活の安定と福祉の向上に寄与することを目的とする。

2　健康保険制度については、これが医療保険制度の基本をなすものであることにかんがみ、高齢化の進展、疾病構造の変化、社会経済情勢の変化等に対応し、その他の医療保険制度及び後期高齢者医療制度並びにこれらに密接に関連する制度と併せて、その在り方に関して常に検討が加えられ、その結果に基づき、医療保険の運営の効率化、給付の内容及び費用の負担の適正化並びに国民が受ける医療の質の向上を総合的に図りつつ、実施されなければならない。

問題2　保険者、適用事業所　難易度 B

Check欄 A□□□ B□□□ C□□□ D□□□ E□□□

1　健康保険(日雇特例被保険者の保険を除く。)の保険者は、全国健康保険協会及び健康保険組合とする。

2　全国健康保険協会は、健康保険組合の組合員でない被保険者(日雇特例被保険者を除く。)の保険を管掌する。

3　全国健康保険協会が管掌する健康保険の事業に関する業務のうち、被保険者の資格の取得及び喪失の確認、標準報酬月額及び標準賞与額の決定並びに保険料の徴収(A に係るものを除く。)並びにこれらに附帯する業務は、厚生労働大臣が行う。

4　法3条によると、適用事業所とは、以下のいずれかに該当する事業所をいう。

ア　法定業種の事業の事業所であって、 B 以上の従業員を使用するもの

イ　上記アに掲げるもののほか、 C の事業所であって、常時従業員を使用するもの

5　適用事業所以外の事業所の事業主は、厚生労働大臣の認可を受けて、当該事業所を適用事業所とすることができ、当該認可を受けようとするときは、当該事業所に使用される者(被保険者となるべき者に限る。)の D の同意を得て、厚生労働大臣に申請しなければならない。

6　適用事業所が、上記4に該当しなくなったときは、その事業所について上記5の認可があったものとみなす。

7　上記5の事業所の事業主は、厚生労働大臣の認可を受けて、当該事業所を適用事業所でなくすることができ、当該認可を受けようとするときは、当該事業所に使用される者(被保険者である者に限る。)の E の同意を得て、厚生労働大臣に申請しなければならない。

8　二以上の適用事業所の事業主が同一である場合には、当該事業主は、厚生労働大臣の承認を受けて、当該二以上の事業所を一の適用事業所とすることができる。当該承認があったときは、当該二以上の適用事業所は、適用事業所でなくなったものとみなす。

選択肢

①　２分の１以上	②　３分の１以上	③　３分の２以上
④　４分の１以上	⑤　４分の３以上	⑥　５人
⑦　５分の４以上	⑧　10人	
⑨　介護保険第２号被保険者である被保険者		⑩　過半数
⑪　国、地方公共団体又は法人		⑫　国又は法人
⑬　後期高齢者医療の被保険者		⑭　常時10人
⑮　常時５人	⑯　全員	⑰　任意継続被保険者
⑱　被扶養者	⑲　法人	⑳　法人の事業所以外

解　答

A　⑰　**任意継続被保険者**　（法5条）
B　⑮　**常時5人**　（法3条）
C　⑪　**国、地方公共団体又は法人**　（法3条）
D　①　**2分の1以上**　（法31条）
E　⑤　**4分の3以上**　（法33条）

完成文

1　健康保険（日雇特例被保険者の保険を除く。）の保険者は、**全国健康保険協会**及び**健康保険組合**とする。

2　全国健康保険協会は、健康保険組合の組合員でない被保険者（日雇特例被保険者を除く。）の保険を管掌する。

3　全国健康保険協会が管掌する健康保険の事業に関する業務のうち、被保険者の**資格の取得及び喪失の確認**、**標準報酬月額及び標準賞与額の決定**並びに**保険料の徴収**（任意継続被保険者に係るものを除く。）並びにこれらに附帯する業務は、**厚生労働大臣**が行う。

4　法3条によると、適用事業所とは、以下のいずれかに該当する事業所をいう。

ア　法定業種の事業の事業所であって、常時5人以上の従業員を使用するもの

イ　上記アに掲げるもののほか、国、地方公共団体又は法人の事業所であって、常時従業員を使用するもの

5　適用事業所以外の事業所の事業主は、厚生労働大臣の認可を受けて、当該事業所を適用事業所とすることができ、当該認可を受けようとするときは、当該事業所に使用される者（被保険者となるべき者に限る。）の2分の1以上の同意を得て、厚生労働大臣に申請しなければならない。

6　適用事業所が、上記4に該当しなくなったときは、その事業所について上記5の認可があったものとみなす。

7　上記５の事業所の事業主は、厚生労働大臣の認可を受けて、当該事業所を適用事業所でなくすることができ、当該認可を受けようとするときは、当該事業所に使用される者(被保険者である者に限る。)の４分の３以上の同意を得て、厚生労働大臣に申請しなければならない。

8　二以上の適用事業所の事業主が同一である場合には、当該事業主は、厚生労働大臣の承認を受けて、当該二以上の事業所を一の適用事業所とすることができる。当該承認があったときは、当該二以上の適用事業所は、適用事業所でなくなったものとみなす。

問題３　被保険者　難易度 B

Check欄 A□□□ B□□□ C□□□ D□□□ E□□□

1　法３条において、被保険者とは、適用事業所に使用される者及び任意継続被保険者をいう。ただし、次のいずれかに該当する者は、日雇特例被保険者となる場合を除き、被保険者となることができない。

ア　船員保険の被保険者(疾病任意継続被保険者を除く。)

イ　臨時に使用される者であって、以下に掲げるもの(ａの者にあっては［ A ］を超え、ｂの者にあってはｂに掲げる定めた期間を超え、引き続き使用されるに至った場合を除く。)

ａ　日々雇い入れられる者

ｂ　２か月以内の期間を定めて使用される者であって、当該定めた期間を超えて使用されることが見込まれないもの

ウ　事業所又は事務所で所在地が一定しないものに使用される者

エ　季節的業務に使用される者(継続して［ B ］を超えて使用されるべき場合を除く。)

オ　臨時的事業の事業所に使用される者(継続して［ C ］を超えて使用されるべき場合を除く。)

カ　国民健康保険組合の事業所に使用される者

キ　後期高齢者医療の被保険者等

ク　厚生労働大臣、健康保険組合又は共済組合の承認を受けた者(健康保険の被保険者でないことにより国民健康保険の被保険者であるべき期間に限る。)

ケ　事業所に使用される者であって、その１週間の所定労働時間が同一の事業所に使用される通常の労働者の１週間の所定労働時間の４分の３未満である短時間労働者(１週間の所定労働時間が同一の事業所に使用される通常の労働者の１週間の所定労働時間に比し短い者をいう。)又はそ

の［　A　］間の所定労働日数が同一の事業所に使用される通常の労働者の［　A　］間の所定労働日数の4分の3未満である短時間労働者に該当し、かつ、以下aからcまでのいずれかの要件に該当するもの

a　1週間の所定労働時間が［　D　］未満であること。

b　報酬(一定のものを除く。)について、厚生労働省令で定めるところにより算定した額が、［　E　］未満であること。

c　学校教育法に規定する高等学校の生徒、大学の学生その他の厚生労働省令で定める者であること。

2　当分の間、特定適用事業所以外の適用事業所(国又は地方公共団体の当該適用事業所を除く。)に使用される特定4分の3未満短時間労働者については、被保険者としない。

なお、特定適用事業所とは、事業主が同一である一又は二以上の適用事業所であって、当該一又は二以上の適用事業所に使用される特定労働者の総数が常時100人を超えるものの各適用事業所をいう。

選択肢

①　1か月	②　3か月	③　4か月	④　5か月
⑤　6か月	⑥　6万8千円		⑦　7か月
⑧　7万8千円	⑨　8か月	⑩　8万8千円	
⑪　9万8千円	⑫　10時間	⑬　10日	⑭　14日
⑮　15時間	⑯　20時間	⑰　20日	⑱　30時間
⑲　90日	⑳　150日		

解　答

A　①　1か月　（法3条）
B　③　4か月　（法3条）
C　⑤　6か月　（法3条）
D　⑯　20時間　（法3条）
E　⑩　8万8千円　（法3条）

完成文

1　法3条において、被保険者とは、適用事業所に使用される者及び任意継続被保険者をいう。ただし、次のいずれかに該当する者は、日雇特例被保険者となる場合を除き、被保険者となることができない。

ア　船員保険の被保険者（疾病任意継続被保険者を除く。）

イ　臨時に使用される者であって、以下に掲げるもの（aの者にあっては1か月を超え、bの者にあってはbに掲げる定めた期間を超え、引き続き使用されるに至った場合を除く。）

a　日々雇い入れられる者

b　2か月以内の期間を定めて使用される者であって、当該定めた期間を超えて使用されることが見込まれないもの

ウ　事業所又は事務所で所在地が一定しないものに使用される者

エ　季節的業務に使用される者（継続して4か月を超えて使用されるべき場合を除く。）

オ　臨時的事業の事業所に使用される者（継続して6か月を超えて使用されるべき場合を除く。）

カ　国民健康保険組合の事業所に使用される者

キ　後期高齢者医療の被保険者等

ク　厚生労働大臣、健康保険組合又は共済組合の承認を受けた者（健康保険の被保険者でないことにより国民健康保険の被保険者であるべき期間に限る。）

ケ　事業所に使用される者であって、その１週間の所定労働時間が同一の事業所に使用される通常の労働者の１週間の所定労働時間の４分の３未満である短時間労働者（１週間の所定労働時間が同一の事業所に使用される通常の労働者の１週間の所定労働時間に比し短い者をいう。）又はその１か月間の所定労働日数が同一の事業所に使用される通常の労働者の１か月間の所定労働日数の４分の３未満である短時間労働者に該当し、かつ、以下ａからｃまでのいずれかの要件に該当するもの

ａ　１週間の所定労働時間が20時間未満であること。

ｂ　報酬（一定のものを除く。）について、厚生労働省令で定めるところにより算定した額が、８万８千円未満であること。

ｃ　学校教育法に規定する高等学校の生徒、大学の学生その他の厚生労働省令で定める者であること。

2　当分の間、特定適用事業所以外の適用事業所（国又は地方公共団体の当該適用事業所を除く。）に使用される特定４分の３未満短時間労働者については、被保険者としない。

なお、特定適用事業所とは、事業主が同一である一又は二以上の適用事業所であって、当該一又は二以上の適用事業所に使用される特定労働者の総数が常時100人を超えるものの各適用事業所をいう。

問題4　被扶養者　難易度 C

Check欄 A□□□ B□□□ C□□□ D□□□ E□□□

1　法3条によると、被扶養者とは、以下に掲げる者で、日本国内に住所を有するもの又は外国において留学をする学生その他の日本国内に住所を有しないが渡航目的その他の事情を考慮して日本国内に生活の基礎があると認められるものとして厚生労働省令で定めるものをいう。ただし、後期高齢者医療の被保険者等である者その他健康保険法の適用を除外すべき特別の理由がある者として厚生労働省令で定める者は、この限りでない。

(1)　[A]、配偶者(届出をしていないが、事実上婚姻関係と同様の事情にある者を含む。)、子、孫及び[B]であって、[C]もの

(2)　被保険者の[D]で上記(1)に掲げる者以外のものであって、その被保険者と同一の世帯に属し、[C]もの

(3)　被保険者の配偶者で届出をしていないが事実上婚姻関係と同様の事情にあるものの[E]であって、その被保険者と同一の世帯に属し、[C]もの

(4)　上記(3)の配偶者の死亡後におけるその[E]であって引き続きその被保険者と同一の世帯に属し、[C]もの

2　上記1の「厚生労働省令で定める者」は、次に掲げる者とする。

ア　日本の国籍を有しない者であって、入管法の規定に基づく活動のうち、本邦に相当期間滞在して、病院等に入院し疾病等について医療を受ける活動等を行うもの及びこれらの活動を行う者の日常生活上の世話をする活動を行うもの

イ　日本の国籍を有しない者であって、入管法の規定に基づく活動のうち、本邦において1年を超えない期間滞在し、観光、保養その他これらに類似する活動を行うもの

選択肢

①　３親等内の血族　②　３親等内の親族
③　４親等内の親族　④　兄弟姉妹　⑤　子、孫及び兄弟姉妹
⑥　主としてその被保険者により生計を維持する　⑦　親族
⑧　前年の所得がない　⑨　曾孫
⑩　その被保険者と生計を同じくする
⑪　その被保険者により生計を維持する　⑫　弟妹
⑬　伯叔父母　⑭　被保険者の直系姻族
⑮　被保険者の直系血族　⑯　被保険者の直系尊属
⑰　被保険者の法定血族　⑱　父母及び子
⑲　父母及び祖父母
⑳　満18歳に達した日以後の最初の３月31日までの間にある子

解　答

A　⑯　被保険者の直系尊属　（法３条）
B　④　兄弟姉妹　（法３条）
C　⑥　主としてその被保険者により生計を維持する　（法３条）
D　②　３親等内の親族　（法３条）
E　⑱　父母及び子　（法３条）

完成文

1　法３条によると、被扶養者とは、以下に掲げる者で、日本国内に住所を有するもの又は外国において留学をする学生その他の日本国内に住所を有しないが渡航目的その他の事情を考慮して日本国内に生活の基礎があると認められるものとして厚生労働省令で定めるものをいう。ただし、後期高齢者医療の被保険者等である者その他健康保険法の適用を除外すべき特別の理由がある者として厚生労働省令で定める者は、この限りでない。

⑴　被保険者の直系尊属、配偶者(届出をしていないが、事実上婚姻関係と同様の事情にある者を含む。)、子、孫及び兄弟姉妹であって、主としてその被保険者により生計を維持するもの

⑵　被保険者の３親等内の親族で上記⑴に掲げる者以外のものであって、その被保険者と同一の世帯に属し、主としてその被保険者により生計を維持するもの

⑶　被保険者の配偶者で届出をしていないが事実上婚姻関係と同様の事情にあるものの父母及び子であって、その被保険者と同一の世帯に属し、主としてその被保険者により生計を維持するもの

⑷　上記⑶の配偶者の死亡後におけるその父母及び子であって引き続きその被保険者と同一の世帯に属し、主としてその被保険者により生計を維持するもの

2　上記１の「厚生労働省令で定める者」は、次に掲げる者とする。

ア　日本の国籍を有しない者であって、入管法の規定に基づく活動のうち、本邦に相当期間滞在して、病院等に入院し疾病等について医療を受ける活動等を行うもの及びこれらの活動を行う者の日常生活上の世話をする活動を行うもの

イ　日本の国籍を有しない者であって、入管法の規定に基づく活動のうち、本邦において１年を超えない期間滞在し、観光、保養その他これらに類似する活動を行うもの

問題5　収入がある者に係る被扶養者の認定　難易度 C

Check欄 A□□□ B□□□ C□□□ D□□□ E□□□

1　被扶養者としての届出に係る者（以下「認定対象者」という。）が被保険者と同一世帯に属している場合、認定対象者の年間収入が［　A　］円未満（認定対象者が［　B　］以上の者である場合又は概ね厚生年金保険法による障害厚生年金の受給要件に該当する程度の障害者である場合にあっては［　C　］円未満）であって、かつ、被保険者の年間収入の［　D　］未満である場合は、原則として被扶養者に該当するものとする。

2　認定対象者が被保険者と同一世帯に属していない場合、認定対象者の年間収入が、［　A　］円未満（認定対象者が［　B　］以上の者である場合又は概ね厚生年金保険法による障害厚生年金の受給要件に該当する程度の障害者である場合にあっては［　C　］円未満）であって、かつ、被保険者からの援助による［　E　］場合には、原則として被扶養者に該当するものとする。

3　夫婦とも被用者保険の被保険者の場合には、以下の取扱いとする。

(1)　被扶養者とすべき者の員数にかかわらず、被保険者の年間収入（過去の収入、現時点の収入、将来の収入等から今後1年間の収入を見込んだものとする。）が多い方の被扶養者とする。

(2)　夫婦双方の年間収入の差額が年間収入の多い方の1割以内である場合は、被扶養者の地位の安定を図るため、届出により、主として生計を維持する者の被扶養者とする。

選択肢

①　２分の１	②　３分の１	③　３分の２	
④　４分の１	⑤　50歳	⑥　50万	⑦　55歳
⑧　60歳	⑨　65歳	⑩　70万	⑪　100万
⑫　110万	⑬　130万	⑭　150万	⑮　180万
⑯　200万	⑰　収入額の２分の１以下の		
⑱　収入額の３分の１以下の		⑲　収入額より少ない	
⑳　収入額より多い			

解　答

A　⑬　130万　　　　（S52．4．6保発9・庁保発9）
B　⑧　60歳　　　　（S52．4．6保発9・庁保発9）
C　⑮　180万　　　　（S52．4．6保発9・庁保発9）
D　①　２分の１　　　（S52．4．6保発9・庁保発9）
E　⑲　収入額より少ない（S52．4．6保発9・庁保発9）

完成文

1　被扶養者としての届出に係る者（以下「認定対象者」という。）が被保険者と同一世帯に属している場合、認定対象者の年間収入が130万円未満（認定対象者が60歳以上の者である場合又は概ね厚生年金保険法による障害厚生年金の受給要件に該当する程度の障害者である場合にあっては180万円未満）であって、かつ、被保険者の年間収入の２分の１未満である場合は、原則として被扶養者に該当するものとする。

2　認定対象者が被保険者と同一世帯に属していない場合、認定対象者の年間収入が、130万円未満（認定対象者が60歳以上の者である場合又は概ね厚生年金保険法による障害厚生年金の受給要件に該当する程度の障害者である場合にあっては180万円未満）であって、かつ、被保険者からの援助による収入額より少ない場合には、原則として被扶養者に該当するものとする。

3　夫婦とも被用者保険の被保険者の場合には、以下の取扱いとする。

⑴　被扶養者とすべき者の員数にかかわらず、被保険者の年間収入（過去の収入、現時点の収入、将来の収入等から今後１年間の収入を見込んだものとする。）が多い方の被扶養者とする。

⑵　夫婦双方の年間収入の差額が年間収入の多い方の１割以内である場合は、被扶養者の地位の安定を図るため、届出により、主として生計を維持する者の被扶養者とする。

問題６　報酬、賞与その他　難易度 B

Check欄 A□□□ B□□□ C□□□ D□□□ E□□□

1　法３条によると、報酬とは、賃金、給料、俸給、手当、賞与その他いかなる名称であるかを問わず、労働者が、[A]受けるすべてのものをいう。ただし、臨時に受けるもの及び[B]期間ごとに受けるものは、この限りでない。

2　法３条によると、賞与とは、賃金、給料、俸給、手当、賞与その他いかなる名称であるかを問わず、労働者が、[A]受けるすべてのもののうち、[B]期間ごとに受けるものをいう。

3　法45条によると、保険者等は、被保険者が賞与を受けた月において、その月に当該被保険者が受けた賞与額に基づき、これに[C]円未満の端数を生じたときは、これを切り捨てて、その月における標準賞与額を決定する。ただし、その月に当該被保険者が受けた賞与によりその年度(毎年４月１日から翌年３月31日まで)における標準賞与額の累計額が[D]円を超えることとなる場合には、当該累計額が[D]円となるようその月の標準賞与額を決定し、その年度においてその月の翌月以降に受ける賞与の標準賞与額は零とする。

4　報酬又は賞与の全部又は一部が、通貨以外のもので支払われる場合においては、その価額は、その地方の時価によって、[E]が定めるが、健康保険組合は、規約で別段の定めをすることができる。

選択肢

①　100　②　500　③　1,000　④　10,000
⑤　１か月を超える　⑥　３か月を超える
⑦　４か月を超える　⑧　６か月を超える　⑨　150万
⑩　450万　⑪　573万　⑫　600万　⑬　現金で
⑭　厚生労働大臣　⑮　事業主から　⑯　社会保障審議会
⑰　地方厚生局長　⑱　都道府県知事　⑲　労働時間に応じて
⑳　労働の対償として

解　答

A　⑳　労働の対償として　（法３条）
B　⑥　３か月を超える　（法３条）
C　③　1,000　（法45条）
D　⑪　573万　（法45条）
E　⑭　厚生労働大臣　（法46条）

完成文

1　法３条によると、報酬とは、賃金、給料、俸給、手当、賞与その他いかなる名称であるかを問わず、労働者が、労働の対償として受けるすべてのものをいう。ただし、臨時に受けるもの及び３か月を超える期間ごとに受けるものは、この限りでない。

2　法３条によると、賞与とは、賃金、給料、俸給、手当、賞与その他いかなる名称であるかを問わず、労働者が、労働の対償として受けるすべてのもののうち、３か月を超える期間ごとに受けるものをいう。

3　法45条によると、保険者等は、被保険者が賞与を受けた月において、その月に当該被保険者が受けた賞与額に基づき、これに1,000円未満の端数を生じたときは、これを切り捨てて、その月における標準賞与額を決定する。ただし、その月に当該被保険者が受けた賞与によりその年度(毎年４月１日から翌年３月31日まで)における標準賞与額の累計額が573万円を超えることとなる場合には、当該累計額が573万円となるようその月の標準賞与額を決定し、その年度においてその月の翌月以降に受ける賞与の標準賞与額は零とする。

4　報酬又は賞与の全部又は一部が、通貨以外のもので支払われる場合においては、その価額は、その地方の時価によって、厚生労働大臣が定めるが、健康保険組合は、規約で別段の定めをすることができる。

問題７　資格取得時決定

難易度 B

Check欄 A□□□ B□□□ C□□□ D□□□ E□□□

法42条によると、被保険者の資格を取得した際の標準報酬月額は、以下の⑴～⑷の額を報酬月額として保険者等がこれを決定し、その標準報酬月額は被保険者の資格を取得した月からその年の８月（［　A　］から12月31日までの間に被保険者の資格を取得した者については、翌年の８月）までの各月の標準報酬月額とする。

⑴　［　B　］によって報酬が定められる場合には、被保険者の資格を取得した日の現在の報酬の額をその期間の［　C　］で除して得た額の30倍に相当する額

⑵　［　D　］によって報酬が定められる場合には、被保険者の資格を取得した月前［　E　］間に当該事業所で、同様の業務に従事し、かつ、同様の報酬を受ける者が受けた報酬の額を平均した額

⑶　上記⑴⑵の規定によって算定することが困難であるものについては、被保険者の資格を取得した月前［　E　］間に、その地方で、同様の業務に従事し、かつ、同様の報酬を受ける者が受けた報酬の額

⑷　上記⑴～⑶の二以上に該当する報酬を受ける場合には、それぞれについて、上記⑴～⑶の規定によって算定した額の合算額

選択肢

① 1か月　② 2か月　③ 3か月　④ 4月1日
⑤ 6か月　⑥ 6月1日　⑦ 7月1日　⑧ 9月1日
⑨ 時間、出来高又は請負　⑩ 実労働日数
⑪ 週、日、時間、出来高又は請負
⑫ 週、日その他一定期間又は時間　⑬ 所定労働日数
⑭ 総日数　⑮ 月、週その他一定期間
⑯ 月、週、日その他一定期間
⑰ 月、週、日その他一定期間又は時間　⑱ 出来高又は請負
⑲ 日、時間、出来高又は請負　⑳ 報酬支払基礎日数

解　答

A　⑥　６月１日　（法42条）
B　⑮　月、週その他一定期間　（法42条）
C　⑭　総日数　（法42条）
D　⑲　日、時間、出来高又は請負　（法42条）
E　①　１か月　（法42条）

完成文

法42条によると、被保険者の資格を取得した際の標準報酬月額は、以下の⑴〜⑷の額を報酬月額として保険者等がこれを決定し、その標準報酬月額は被保険者の資格を取得した月からその年の８月（６月１日から12月31日までの間に被保険者の資格を取得した者については、翌年の８月）までの各月の標準報酬月額とする。

⑴　月、週その他一定期間によって報酬が定められる場合には、被保険者の資格を取得した日の現在の報酬の額をその期間の総日数で除して得た額の30倍に相当する額

⑵　日、時間、出来高又は請負によって報酬が定められる場合には、被保険者の資格を取得した月前１か月間に当該事業所で、同様の業務に従事し、かつ、同様の報酬を受ける者が受けた報酬の額を平均した額

⑶　上記⑴⑵の規定によって算定することが困難であるものについては、被保険者の資格を取得した月前１か月間に、その地方で、同様の業務に従事し、かつ、同様の報酬を受ける者が受けた報酬の額

⑷　上記⑴〜⑶の二以上に該当する報酬を受ける場合には、それぞれについて、上記⑴〜⑶の規定によって算定した額の合算額

問題8　定時決定　難易度 C

Check欄 A□□□ B□□□ C□□□ D□□□ E□□□

1　保険者等は、被保険者が毎年 [A] 現に使用される事業所において同日前3か月間(その事業所で継続して使用された期間に限るものとし、かつ、報酬支払の基礎となった日数が [B] (1週間の所定労働時間が同一の事業所に使用される通常の労働者の1週間の所定労働時間の4分の3未満である短時間労働者又はその1か月間の所定労働日数が同一の事業所に使用される通常の労働者の1か月間の所定労働日数の4分の3未満である短時間労働者にあっては、[C] 。)未満である月があるときは、その月を除く。)に受けた報酬の総額をその期間の月数で除して得た額を報酬月額として、標準報酬月額を決定する。

2　上記1の定時決定によって決定された標準報酬月額は、その年の [D] から翌年8月までの各月の標準報酬月額とする。

3　定時決定は、6月1日から [A] までの間に被保険者の資格を取得した者及び随時改定、育児休業等を終了した際の改定又は産前産後休業を終了した際の改定により [E] から [D] までのいずれかの月から標準報酬月額を改定され、又は改定されるべき被保険者については、その年に限り行われない。

選択肢

① 1月	② 1月1日	③ 2月1日	④ 3月1日
⑤ 4月	⑥ 4月1日	⑦ 5月	⑧ 6月
⑨ 6月1日	⑩ 7月	⑪ 7月1日	⑫ 8月
⑬ 8月1日	⑭ 9月	⑮ 9月1日	⑯ 10月
⑰ 11日	⑱ 14日	⑲ 17日	⑳ 20日

解　答

A　⑪　7月1日　（法41条）
B　⑲　17日　（法41条）
C　⑰　11日　（法41条）
D　⑭　9月　（法41条）
E　⑩　7月　（法41条）

完成文

1　保険者等は、被保険者が毎年7月1日現に使用される事業所において同日前3か月間（その事業所で継続して使用された期間に限るものとし、かつ、報酬支払の基礎となった日数が17日（1週間の所定労働時間が同一の事業所に使用される通常の労働者の1週間の所定労働時間の4分の3未満である短時間労働者又はその1か月間の所定労働日数が同一の事業所に使用される通常の労働者の1か月間の所定労働日数の4分の3未満である短時間労働者にあっては、11日。）未満である月があるときは、その月を除く。）に受けた報酬の総額をその期間の月数で除して得た額を報酬月額として、標準報酬月額を決定する。

2　上記1の定時決定によって決定された標準報酬月額は、その年の9月から翌年8月までの各月の標準報酬月額とする。

3　定時決定は、6月1日から7月1日までの間に被保険者の資格を取得した者及び随時改定、育児休業等を終了した際の改定又は産前産後休業を終了した際の改定により7月から9月までのいずれかの月から標準報酬月額を改定され、又は改定されるべき被保険者については、その年に限り行われない。

問題9　随時改定(1)　難易度 C

Check欄 A□□□ B□□□ C□□□ D□□□ E□□□

1　保険者等は、被保険者が現に使用される事業所において継続した [A] か月間(各月とも、報酬支払の基礎となった日数が [B] 日(1週間の所定労働時間が同一の事業所に使用される通常の労働者の1週間の所定労働時間の4分の3未満である短時間労働者又はその1か月間の所定労働日数が同一の事業所に使用される通常の労働者の1か月間の所定労働日数の4分の3未満である短時間労働者にあっては、11日。)以上でなければならない。)に受けた報酬の総額を、 [A] で除して得た額が、その者の標準報酬月額の基礎となった報酬月額に比べて、著しく高低を生じた場合において、必要があると認めるときは、その額を報酬月額として、その著しく高低を生じた [C] から、標準報酬月額を改定することができる。

2　上記1によって改定された標準報酬月額は、その年の [D] 月([E] 月から12月までのいずれかの月から改定されたものについては、翌年の [D] 月)までの各月の標準報酬月額とする。

選択肢

① 1	② 2	③ 3	④ 4	⑤ 5
⑥ 6	⑦ 7	⑧ 8	⑨ 9	⑩ 10
⑪ 11	⑫ 12	⑬ 14	⑭ 15	⑮ 17
⑯ 20	⑰ 月	⑱ 月の前月	⑲ 月の翌月	
⑳ 月の翌々月				

解　答

A　③　3　（法43条）
B　⑮　17　（法43条）
C　⑲　月の翌月　（法43条）
D　⑧　8　（法43条）
E　⑦　7　（法43条）

完成文

1　保険者等は、被保険者が現に使用される事業所において継続した３か月間（各月とも、報酬支払の基礎となった日数が17日（１週間の所定労働時間が同一の事業所に使用される通常の労働者の１週間の所定労働時間の４分の３未満である短時間労働者又はその１か月間の所定労働日数が同一の事業所に使用される通常の労働者の１か月間の所定労働日数の４分の３未満である短時間労働者にあっては、11日。）以上でなければならない。）に受けた報酬の総額を、３で除して得た額が、その者の標準報酬月額の基礎となった報酬月額に比べて、著しく高低を生じた場合において、必要があると認めるときは、その額を報酬月額として、その著しく高低を生じた月の翌月から、標準報酬月額を改定することができる。

2　上記１によって改定された標準報酬月額は、その年の８月（７月から12月までのいずれかの月から改定されたものについては、翌年の８月）までの各月の標準報酬月額とする。

問題10　随時改定(2)、産前産後休業を終了した際の改定

難易度 B

Check欄 A□□□ B□□□ C□□□ D□□□ E□□□

1　標準報酬月額の随時改定は、次のアからオのいずれかに該当する場合に行う。

ア　昇給又は降給によって健康保険法第43条第１項の規定により算定した額（以下「算定月額」という。）による等級と現在の等級との間に［ A ］等級以上の差を生じた場合

イ　第49級の標準報酬月額にある者の報酬月額が昇給したことにより、その算定月額が［ B ］円以上となった場合

ウ　第１級の標準報酬月額にある者の報酬月額（報酬月額が［ C ］円未満である場合に限る。）が昇給したことにより、その算定月額が第２級の標準報酬月額に該当することとなった場合

エ　第50級の標準報酬月額にある者の報酬月額（報酬月額が［ B ］円以上である場合に限る。）が降給したことにより、その算定月額が第49級の標準報酬月額に該当することとなった場合

オ　第２級の標準報酬月額にある者の報酬月額が降給したことにより、その算定月額が［ C ］円未満となった場合

2　保険者等は、産前産後休業（出産の日（出産の日が出産の予定日後であるときは、出産の予定日）以前42日（多胎妊娠の場合においては、98日）から出産の日後56日までの間において労務に服さないこと（妊娠又は出産に関する事由を理由として労務に服さない場合に限る。）をいう。以下同じ。）を終了した被保険者が、当該産前産後休業を終了した日（以下「産前産後休業終了日」という。）において当該産前産後休業に係る子を養育する場合において、その使用される事業所の事業主を経由して厚生労働省令で定めるところにより保険者等に申出をしたときは、産前産後休業終了日の翌日が属する月以後３か月間（産前産後休業終了日の翌日において使用される事業

所で継続して使用された期間に限るものとし、かつ、報酬支払の基礎となった日数が17日（１週間の所定労働時間が同一の事業所に使用される通常の労働者の１週間の所定労働時間の４分の３未満である短時間労働者又はその１か月間の所定労働日数が同一の事業所に使用される通常の労働者の１か月間の所定労働日数の４分の３未満である短時間労働者にあっては、11日。）未満である月があるときは、その月を除く。）に受けた報酬の総額をその期間の月数で除して得た額を報酬月額として、標準報酬月額を改定する。ただし、産前産後休業終了日の翌日に［　D　］を開始している被保険者は、この限りでない。

上記の規定によって改定された標準報酬月額は、産前産後休業終了日の翌日から起算して［　E　］を経過した日の属する月の翌月からその年の８月（当該翌月が７月から12月までのいずれかの月である場合は、翌年の８月）までの各月の標準報酬月額とする。

選択肢

①　2　　②　3　　③　4　　④　5　　⑤　50,000
⑥　53,000　　⑦　58,000　　⑧　65,000　　⑨　1,210,000
⑩　1,255,000　　⑪　1,350,000　　⑫　1,415,000
⑬　２か月　　⑭　３か月　　⑮　４か月　　⑯　６か月
⑰　育児休業等　　⑱　育児休業又は介護休業
⑲　所定労働時間の短縮措置　　⑳　フレックスタイム制

解　答

A　①　2　（S36. 1.26保発4）
B　⑫　1,415,000　（S36. 1.26保発4）
C　⑥　53,000　（S36. 1.26保発4）
D　⑰　育児休業等　（法43条の3）
E　⑬　2か月　（法43条の3）

完成文

1　標準報酬月額の随時改定は、次のアからオのいずれかに該当する場合に行う。

ア　昇給又は降給によって健康保険法第43条第1項の規定により算定した額(以下「算定月額」という。)による等級と現在の等級との間に2等級以上の差を生じた場合

イ　第49級の標準報酬月額にある者の報酬月額が昇給したことにより、その算定月額が1,415,000円以上となった場合

ウ　第1級の標準報酬月額にある者の報酬月額(報酬月額が53,000円未満である場合に限る。)が昇給したことにより、その算定月額が第2級の標準報酬月額に該当することとなった場合

エ　第50級の標準報酬月額にある者の報酬月額(報酬月額が1,415,000円以上である場合に限る。)が降給したことにより、その算定月額が第49級の標準報酬月額に該当することとなった場合

オ　第2級の標準報酬月額にある者の報酬月額が降給したことにより、その算定月額が53,000円未満となった場合

2　保険者等は、産前産後休業(出産の日(出産の日が出産の予定日後であるときは、出産の予定日)以前42日(多胎妊娠の場合においては、98日)から出産の日後56日までの間において労務に服さないこと(妊娠又は出産に関する事由を理由として労務に服さない場合に限る。)をいう。以下同じ。)を終了した被保険者が、当該産前産後休業を終了した日(以下「産前産後休業

終了日」という。）において当該産前産後休業に係る子を養育する場合において、その使用される事業所の事業主を経由して厚生労働省令で定めるところにより保険者等に申出をしたときは、産前産後休業終了日の翌日が属する月以後3か月間（産前産後休業終了日の翌日において使用される事業所で継続して使用された期間に限るものとし、かつ、報酬支払の基礎となった日数が17日（１週間の所定労働時間が同一の事業所に使用される通常の労働者の１週間の所定労働時間の4分の3未満である短時間労働者又はその１か月間の所定労働日数が同一の事業所に使用される通常の労働者の１か月間の所定労働日数の4分の3未満である短時間労働者にあっては、11日。）未満である月があるときは、その月を除く。）に受けた報酬の総額をその期間の月数で除して得た額を報酬月額として、標準報酬月額を改定する。ただし、産前産後休業終了日の翌日に育児休業等を開始している被保険者は、この限りでない。

上記の規定によって改定された標準報酬月額は、産前産後休業終了日の翌日から起算して２か月を経過した日の属する月の翌月からその年の8月（当該翌月が7月から12月までのいずれかの月である場合は、翌年の8月）までの各月の標準報酬月額とする。

問題11　育児休業等を終了した際の改定　難易度 C

Check欄 A□□□ B□□□ C□□□ D□□□ E□□□

1　法43条の2において、保険者等は、育児休業、介護休業等育児又は家族介護を行う労働者の福祉に関する法律に規定する育児休業又は育児休業に関する制度に準じて講ずる措置による休業等(以下「育児休業等」という。)を終了した被保険者が、当該育児休業等を終了した日(以下「育児休業等終了日」という。)において当該育児休業等に係る［ A ］を養育する場合において、その使用される事業所の事業主を経由して保険者等に申出をしたときは、育児休業等終了日の翌日が属する月以後［ B ］か月間(育児休業等終了日の翌日において使用される事業所で継続して使用された期間に限るものとし、かつ、報酬支払の基礎となった日数が［ C ］日(1週間の所定労働時間が同一の事業所に使用される通常の労働者の1週間の所定労働時間の4分の3未満である短時間労働者又はその1か月間の所定労働日数が同一の事業所に使用される通常の労働者の1か月間の所定労働日数の4分の3未満である短時間労働者にあっては、11日)未満である月があるときは、その月を除く。)に受けた報酬の総額をその期間の月数で除して得た額を報酬月額として、標準報酬月額を改定する。ただし、育児休業等終了日の翌日に産前産後休業を開始している被保険者は、この限りでない。

2　上記1の規定によって改定された標準報酬月額は、育児休業等終了日の翌日から起算して［ D ］か月を経過した日の属する月の翌月からその年の8月(当該翌月が［ E ］月から12月までのいずれかの月である場合は、翌年の8月)までの各月の標準報酬月額とする。

選択肢

① 1	② 2	③ 3	④ 4	⑤ 5
⑥ 6	⑦ 7	⑧ 8	⑨ 9	⑩ 10
⑪ 11	⑫ 12	⑬ 14	⑭ 15	⑮ 16
⑯ 17	⑰ １歳に満たない子		⑱ ３歳に満たない子	
⑲ 子	⑳ 小学校就学の始期に達するまでの子			

解　答

A　⑱　３歳に満たない子　（法43条の２）
B　③　３　（法43条の２）
C　⑯　17　（法43条の２）
D　②　２　（法43条の２）
E　⑦　７　（法43条の２）

完成文

1　法43条の2において、保険者等は、育児休業、介護休業等育児又は家族介護を行う労働者の福祉に関する法律に規定する育児休業又は育児休業に関する制度に準じて講ずる措置による休業等(以下「育児休業等」という。)を終了した被保険者が、当該育児休業等を終了した日(以下「育児休業等終了日」という。)において当該育児休業等に係る3歳に満たない子を養育する場合において、その使用される事業所の事業主を経由して保険者等に申出をしたときは、育児休業等終了日の翌日が属する月以後3か月間(育児休業等終了日の翌日において使用される事業所で継続して使用された期間に限るものとし、かつ、報酬支払の基礎となった日数が17日(1週間の所定労働時間が同一の事業所に使用される通常の労働者の1週間の所定労働時間の4分の3未満である短時間労働者又はその1か月間の所定労働日数が同一の事業所に使用される通常の労働者の1か月間の所定労働日数の4分の3未満である短時間労働者にあっては、11日)未満である月があるときは、その月を除く。)に受けた報酬の総額をその期間の月数で除して得た額を報酬月額として、標準報酬月額を改定する。ただし、育児休業等終了日の翌日に産前産後休業を開始している被保険者は、この限りでない。

2　上記1の規定によって改定された標準報酬月額は、育児休業等終了日の翌日から起算して2か月を経過した日の属する月の翌月からその年の8月(当該翌月が7月から12月までのいずれかの月である場合は、翌年の8月)までの各月の標準報酬月額とする。

問題12　標準報酬月額の等級区分の改定　難易度 C

Check欄 A□□□ B□□□ C□□□ D□□□ E□□□

1　標準報酬月額は、被保険者の報酬月額に基づき、最低58,000円から最高1,390,000円までの、［ A ］等級の等級区分によって定められる。

2　毎年［ B ］における標準報酬月額等級の最高等級に該当する被保険者数の被保険者総数に占める割合が［ C ］を超える場合において、その状態が継続すると認められるときは、その年の［ D ］から、政令で、当該最高等級の上に更に等級を加える標準報酬月額の等級区分の改定を行うことができる。ただし、その年の［ B ］において改定後の標準報酬月額等級の最高等級に該当する被保険者数の同日における被保険者総数に占める割合が［ E ］を下回ってはならない。

なお、厚生労働大臣は、上記２の政令の制定又は改正について立案を行う場合には、社会保障審議会の意見を聴くものとする。

選択肢

① 40　② 45　③ 48　④ 50　⑤ 1月1日
⑥ 3月31日　⑦ 4月1日　⑧ 7月31日
⑨ 9月1日　⑩ 9月30日　⑪ 10月1日
⑫ 12月31日　⑬ 100分の0.5　⑭ 100分の1
⑮ 100分の1.5　⑯ 100分の2　⑰ 100分の3
⑱ 100分の5　⑲ 100分の10　⑳ 100分の20

解　答

A　④　50　（法40条）
B　⑥　３月31日　（法40条）
C　⑮　100分の1.5　（法40条）
D　⑨　９月１日　（法40条）
E　⑬　100分の0.5　（法40条）

完成文

1　標準報酬月額は、被保険者の報酬月額に基づき、最低58,000円から最高1,390,000円までの、50等級の等級区分によって定められる。

2　毎年３月31日における標準報酬月額等級の最高等級に該当する被保険者数の被保険者総数に占める割合が100分の1.5を超える場合において、その状態が継続すると認められるときは、その年の９月１日から、政令で、当該最高等級の上に更に等級を加える標準報酬月額の等級区分の改定を行うことができる。ただし、その年の３月31日において改定後の標準報酬月額等級の最高等級に該当する被保険者数の同日における被保険者総数に占める割合が100分の0.5を下回ってはならない。

なお、厚生労働大臣は、上記２の政令の制定又は改正について立案を行う場合には、社会保障審議会の意見を聴くものとする。

問題13　国庫負担、国庫補助 改正　　難易度 A

Check欄 A□□□ B□□□ C□□□ D□□□ E□□□

1　国庫は、[A]、予算の範囲内において、健康保険事業の事務(前期高齢者納付金等、後期高齢者支援金等及び日雇拠出金、介護納付金並びに感染症の予防及び感染症の患者に対する医療に関する法律の規定による流行初期医療確保拠出金の納付に関する事務を含む。)の執行に要する費用を負担する。

2　健康保険組合に対して交付する国庫負担金は、各健康保険組合における[B]を基準として、厚生労働大臣が算定する。

この国庫負担金については、概算払をすることができる。

3　出産育児一時金及び家族出産育児一時金(出産育児一時金等)の支給に要する費用の一部については、政令で定めるところにより、高齢者医療確保法の規定により[C]をもって充てる。

4　国庫は、上記1に規定する費用のほか、協会が管掌する健康保険の事業の執行に要する費用のうち、保険給付の支給に要する費用(一定のものを除く)、前期高齢者納付金の納付に要する費用の額に一定の割合を乗じて得た額並びに流行初期医療確保拠出金の納付に要する費用の額の合算額(前期高齢者交付金がある場合には、当該合算額から当該前期高齢者交付金の額を基準として政令で定める額を控除した額)に[D]を乗じて得た額を[E]。

5　国庫は、予算の範囲内において、健康保険事業の執行に要する費用のうち、特定健康診査等の実施に要する費用の一部を[E]ことができる。

選択肢

① ３年を一期として　② ５年を一期として
③ 1000分の30　④ 1000分の130　⑤ 1000分の164
⑥ 1000分の200
⑦ 後期高齢者医療広域連合が保険者に対して交付する出産育児交付金
⑧ 後期高齢者医療広域連合が保険者に対して交付する出産育児支援金
⑨ 高齢者加入率
⑩ 社会保険診療報酬支払基金が保険者に対して交付する出産育児交付金
⑪ 社会保険診療報酬支払基金が保険者に対して交付する出産育児支援金
⑫ 被保険者数　⑬ 被保険者の総報酬額　⑭ 負担する
⑮ 負担することができる　⑯ 保険給付の費用の額
⑰ 補助する　⑱ 補助することができる　⑲ 毎月
⑳ 毎年度

解　答

A　⑳　毎年度　（法151条）
B　⑫　被保険者数　（法152条）
C　⑩　社会保険診療報酬支払基金が保険者に対して交付する出産育児交付金　（法152条の２）
D　⑤　1000分の164　（法附則５条）
E　⑰　補助する　（法153条、154条の２）

完成文

1　国庫は、毎年度、予算の範囲内において、健康保険事業の事務（前期高齢者納付金等、後期高齢者支援金等及び日雇拠出金、介護納付金並びに感染症の予防及び感染症の患者に対する医療に関する法律の規定による流行初期医療確保拠出金の納付に関する事務を含む。）の執行に要する費用を負担する。

2　健康保険組合に対して交付する国庫負担金は、各健康保険組合における被保険者数を基準として、厚生労働大臣が算定する。

この国庫負担金については、概算払をすることができる。

3　出産育児一時金及び家族出産育児一時金（出産育児一時金等）の支給に要する費用の一部については、政令で定めるところにより、高齢者医療確保法の規定により社会保険診療報酬支払基金が保険者に対して交付する出産育児交付金をもって充てる。

4　国庫は、上記1に規定する費用のほか、協会が管掌する健康保険の事業の執行に要する費用のうち、保険給付の支給に要する費用（一定のものを除く）、前期高齢者納付金の納付に要する費用の額に一定の割合を乗じて得た額並びに流行初期医療確保拠出金の納付に要する費用の額の合算額（前期高齢者交付金がある場合には、当該合算額から当該前期高齢者交付金の額を基準として政令で定める額を乗じて得た額を控除した額）に1000分の164を乗じて得た額を補助する。

5　国庫は、予算の範囲内において、健康保険事業の執行に要する費用のうち、特定健康診査等の実施に要する費用の一部を補助することができる。

問題14　保険料等 改正　　難易度 A

Check欄 A□□□ B□□□ C□□□ D□□□ E□□□

1　保険者等(被保険者が協会が管掌する健康保険の被保険者である場合にあっては［ A ］、被保険者が健康保険組合が管掌する健康保険の被保険者である場合にあっては当該健康保険組合をいう。)は、健康保険事業に要する費用(前期高齢者納付金等及び［ B ］等、介護納付金並びに流行初期医療確保拠出金等並びに健康保険組合においては、［ C ］の納付に要する費用を含む。)に充てるため、保険料を徴収する。この規定にかかわらず、［ D ］に関する保険料は、協会が徴収する。

2　［ A ］が保険料を徴収する場合において、適用事業所の事業主から保険料、厚生年金保険料及び［ E ］の一部の納付があったときは、当該事業主が納付すべき保険料、厚生年金保険料及び［ E ］の額を基準として按分した額に相当する保険料の額が納付されたものとする。

3　保険者は、政令で定めるところにより、健康保険事業に要する費用の支出に備えるため、毎事業年度末において、準備金を積み立てなければならない。

選択肢

① 協会が管掌する健康保険の任意継続被保険者
② 健康保険組合が管掌する健康保険の任意継続被保険者
③ 健康保険組合連合会　　④ 後期高齢者交付金
⑤ 後期高齢者支援金　　⑥ 後期高齢者納付金
⑦ 厚生労働大臣　　⑧ 国民年金保険料
⑨ 子ども・子育て拠出金　　⑩ 雇用保険保険料
⑪ 市町村長　　⑫ 前期高齢者交付金　　⑬ 租税
⑭ 退職者給付拠出金　　⑮ 調整保険料　　⑯ 都道府県知事
⑰ 任意継続被保険者　　⑱ 日雇拠出金
⑲ 日雇特例被保険者　　⑳ 日雇納付金

解　答

A　⑦　厚生労働大臣　（法155条、39条、159条の２）
B　⑤　後期高齢者支援金　（法155条）
C　⑱　日雇拠出金　（法155条）
D　①　協会が管掌する健康保険の任意継続被保険者　（法155条）
E　⑨　子ども・子育て拠出金　（法159条の２）

完成文

1　保険者等（被保険者が協会が管掌する健康保険の被保険者である場合にあっては厚生労働大臣、被保険者が健康保険組合が管掌する健康保険の被保険者である場合にあっては当該健康保険組合をいう。）は、健康保険事業に要する費用（前期高齢者納付金等及び後期高齢者支援金等、介護納付金並びに流行初期医療確保拠出金等並びに健康保険組合においては、日雇拠出金の納付に要する費用を含む。）に充てるため、保険料を徴収する。この規定にかかわらず、協会が管掌する健康保険の任意継続被保険者に関する保険料は、協会が徴収する。

2　厚生労働大臣が保険料を徴収する場合において、適用事業所の事業主から保険料、厚生年金保険料及び子ども・子育て拠出金の一部の納付があったときは、当該事業主が納付すべき保険料、厚生年金保険料及び子ども・子育て拠出金の額を基準として按分した額に相当する保険料の額が納付されたものとする。

3　保険者は、政令で定めるところにより、健康保険事業に要する費用の支出に備えるため、毎事業年度末において、準備金を積み立てなければならない。

問題15　保険料額

難易度 A

Check欄 A□□□ B□□□ C□□□ D□□□ E□□□

1　健康保険組合は、規約で定めるところにより、［ A ］である被保険者以外の被保険者（［ A ］である［ B ］があるものに限る。「［ C ］」という。）に関する保険料額を一般保険料額と介護保険料額との合算額とすることができる。

2　政令で定める要件に該当するものとして厚生労働大臣の承認を受けた健康保険組合（以下「承認健康保険組合」という。）は、［ A ］である被保険者（保険料額を一般保険料額と介護保険料額との合算額とされた［ C ］を含む。）に関する保険料額を一般保険料額と［ D ］との合算額とすることができる。

3　上記２の［ D ］の算定方法は、政令で定める基準に従い、各年度における当該承認健康保険組合の［ D ］の総額と当該承認健康保険組合が納付すべき［ E ］規約で定めるものとする。

選択肢

① 65歳以上　② 70歳以上
③ 介護納付金の額とが等しくなるように
④ 介護納付金の額との合算額を基準として
⑤ 介護納付金の額との差額を基準として
⑥ 介護納付金の額に相当の差が生じないように
⑦ 介護保険第１号被保険者　⑧ 介護保険第２号被保険者
⑨ 承認介護保険料額　⑩ 承認被保険者　⑪ 妻
⑫ 特定介護保険料額　⑬ 特定被保険者
⑭ 特別介護保険料額　⑮ 特別被保険者
⑯ 特例介護保険料額　⑰ 特例被保険者　⑱ 配偶者
⑲ 被扶養者　⑳ 父母

解　答

A　⑧　介護保険第２号被保険者　（法附則７条、８条）
B　⑲　被扶養者　（法附則７条）
C　⑬　特定被保険者　（法附則７条、８条）
D　⑭　特別介護保険料額　（法附則８条）
E　③　介護納付金の額とが等しくなるように　（法附則８条）

完成文

1　健康保険組合は、規約で定めるところにより、介護保険第２号被保険者である被保険者以外の被保険者（介護保険第２号被保険者である被扶養者があるものに限る。「特定被保険者」という。）に関する保険料額を一般保険料額と介護保険料額との合算額とすることができる。

2　政令で定める要件に該当するものとして厚生労働大臣の承認を受けた健康保険組合（以下「承認健康保険組合」という。）は、介護保険第２号被保険者である被保険者（保険料額を一般保険料額と介護保険料額との合算額とされた特定被保険者を含む。）に関する保険料額を一般保険料額と特別介護保険料額との合算額とすることができる。

3　上記２の特別介護保険料額の算定方法は、政令で定める基準に従い、各年度における当該承認健康保険組合の特別介護保険料額の総額と当該承認健康保険組合が納付すべき介護納付金の額とが等しくなるように規約で定めるものとする。

問題16　一般保険料率 改正　難易度 A

Check欄 A□□□ B□□□ C□□□ D□□□ E□□□

1　一般保険料率とは、［ A ］保険料率と［ B ］保険料率とを合算した率をいう。

2　［ A ］保険料率は、一般保険料率から［ B ］保険料率を控除した率を基準として、保険者が定める。

3　［ B ］保険料率は、各年度において保険者が納付すべき［ C ］等の額及び後期高齢者支援金等の額並びに流行初期医療確保拠出金等の額（協会が管掌する健康保険及び日雇特例被保険者の保険においては、その額から国庫補助額を控除した額）の合算額（［ D ］がある場合には、これを控除した額）を当該年度における当該保険者が管掌する被保険者の［ E ］で除して得た率を基準として、保険者が定める。

4　介護保険料率は、各年度において保険者が納付すべき介護納付金（日雇特例被保険者に係るものを除く。）の額を当該年度における当該保険者が管掌する介護保険第２号被保険者である被保険者の［ E ］で除して得た率を基準として、保険者が定める。

5　協会は、上記２及び上記３により［ A ］保険料率及び［ B ］保険料率を定め、又は上記４により介護保険料率を定めたときは、遅滞なく、その旨を厚生労働大臣に通知しなければならない。

選択肢

① 基準　② 基本　③ 健康保険
④ 後期高齢者援助金　⑤ 後期高齢者交付金
⑥ 後期高齢者納付金　⑦ 高齢者交付金
⑧ 前期高齢者交付金　⑨ 前期高齢者支援金
⑩ 前期高齢者納付金　⑪ 総数
⑫ 総報酬額の総額の見込額　⑬ 代行　⑭ 特定
⑮ 特定納付金　⑯ 特別　⑰ 標準
⑱ 標準賞与額の総額の見込額
⑲ 標準報酬月額の総額の見込額　⑳ 平均

解　答

A　②　基本　（法156条、160条）
B　⑭　特定　（法156条、160条）
C　⑩　前期高齢者納付金　（法160条）
D　⑧　前期高齢者交付金　（法160条）
E　⑫　総報酬額の総額の見込額　（法160条）

完成文

1　一般保険料率とは、基本保険料率と特定保険料率とを合算した率をいう。

2　基本保険料率は、一般保険料率から特定保険料率を控除した率を基準として、保険者が定める。

3　特定保険料率は、各年度において保険者が納付すべき前期高齢者納付金等の額及び後期高齢者支援金等の額並びに流行初期医療確保拠出金等の額（協会が管掌する健康保険及び日雇特例被保険者の保険においては、その額から国庫補助額を控除した額）の合算額（前期高齢者交付金がある場合には、これを控除した額）を当該年度における当該保険者が管掌する被保険者の総報酬額の総額の見込額で除して得た率を基準として、保険者が定める。

4　介護保険料率は、各年度において保険者が納付すべき介護納付金（日雇特例被保険者に係るものを除く。）の額を当該年度における当該保険者が管掌する介護保険第２号被保険者である被保険者の総報酬額の総額の見込額で除して得た率を基準として、保険者が定める。

5　協会は、上記２及び上記３により基本保険料率及び特定保険料率を定め、又は上記４により介護保険料率を定めたときは、遅滞なく、その旨を厚生労働大臣に通知しなければならない。

問題17　協会健保の一般保険料率(1) 改正　難易度 B

Check欄 A□□□ B□□□ C□□□ D□□□ E□□□

1　協会が管掌する健康保険の被保険者に関する一般保険料率は、［ A ］までの範囲内において、支部被保険者(各支部の都道府県に所在する適用事業所に使用される被保険者及び当該都道府県の区域内に住所又は居所を有する任意継続被保険者をいう。)を単位として［ B ］するものとする。

2　上記1の規定により支部被保険者を単位として決定する一般保険料率(都道府県単位保険料率)は、当該支部被保険者に適用する。

3　都道府県単位保険料率は、支部被保険者を単位として、次に掲げる額に照らし、［ C ］財政の均衡を保つことができるものとなるよう、政令で定めるところにより算定するものとする。

ア　療養の給付等のうち、当該支部被保険者に係るものに要する費用の額に所定の調整を行うことにより得られると見込まれる額

イ　保険給付(支部被保険者に係る療養の給付等を除く。)、前期高齢者納付金等及び後期高齢者支援金等並びに流行初期医療確保拠出金等に要する費用の予想額(出産育児交付金の額、国庫補助の額(一定の国庫補助の額を除く。)並びに日雇拠出金の額を除く。)に［ D ］を乗じて得た額

ウ　保健事業及び福祉事業に要する費用の額並びに健康保険事業の事務の執行に要する費用及び［ E ］の積立ての予定額(国庫負担金の額を除く。)のうち当該支部被保険者が分担すべき額として協会が定める額

選択肢

①　２年ごとに　②　３年ごとに　③　５年ごとに
④　1000分の10から1000分の100　⑤　1000分の10から1000分の130
⑥　1000分の30から1000分の100　⑦　1000分の30から1000分の130
⑧　協会が決定　⑨　厚生労働大臣が決定　⑩　高齢者加入率
⑪　事業運営安定資金　⑫　支部が決定　⑬　準備金
⑭　政府が決定　⑮　総報酬按分率　⑯　積立金
⑰　被保険者数按分率　⑱　報酬月額按分率
⑲　毎事業年度において　⑳　余剰金

解　答

A　⑦　1000分の30から1000分の130　（法160条）
B　⑧　協会が決定　（法160条）
C　⑲　毎事業年度において　（法160条）
D　⑮　総報酬按分率　（法160条）
E　⑬　準備金　（法160条）

完成文

1　協会が管掌する健康保険の被保険者に関する一般保険料率は、1000分の30から1000分の130までの範囲内において、支部被保険者（各支部の都道府県に所在する適用事業所に使用される被保険者及び当該都道府県の区域内に住所又は居所を有する任意継続被保険者をいう。）を単位として協会が決定するものとする。

2　上記１の規定により支部被保険者を単位として決定する一般保険料率（都道府県単位保険料率）は、当該支部被保険者に適用する。

3　都道府県単位保険料率は、支部被保険者を単位として、次に掲げる額に照らし、毎事業年度において財政の均衡を保つことができるものとなるよう、政令で定めるところにより算定するものとする。

ア　療養の給付等のうち、当該支部被保険者に係るものに要する費用の額に所定の調整を行うことにより得られると見込まれる額

イ　保険給付（支部被保険者に係る療養の給付等を除く。）、前期高齢者納付金等及び後期高齢者支援金等並びに流行初期医療確保拠出金等に要する費用の予想額（出産育児交付金の額、国庫補助の額（一定の国庫補助の額を除く。）並びに日雇拠出金の額を除く。）に総報酬按分率を乗じて得た額

ウ　保健事業及び福祉事業に要する費用の額並びに健康保険事業の事務の執行に要する費用及び準備金の積立ての予定額（国庫負担金の額を除く。）のうち当該支部被保険者が分担すべき額として協会が定める額

問題18　協会健保の一般保険料率(2)　難易度 B

Check欄 A□□□ B□□□ C□□□ D□□□ E□□□

1　協会は、支部被保険者及びその被扶養者の［ A ］と協会が管掌する健康保険の被保険者及びその被扶養者の［ A ］との差異によって生ずる療養の給付等に要する費用の額の負担の不均衡並びに支部被保険者の総報酬額の平均額と協会が管掌する健康保険の被保険者の総報酬額の平均額との差異によって生ずる財政力の不均衡を是正するため、政令で定めるところにより、支部被保険者を単位とする健康保険の財政の［ B ］を行うものとする。

2　協会は、［ C ］、翌事業年度以降の［ D ］についての協会が管掌する健康保険の被保険者数及び総報酬額の見通し並びに保険給付に要する費用の額、保険料の額(各事業年度において財政の均衡を保つことができる保険料率の水準を含む。)その他の健康保険事業の［ E ］を作成し、公表するものとする。

選択肢

①	１年間	②	２年ごとに	③	３年間
④	３年ごとに	⑤	５年間	⑥	10年間

⑦ 医療給付費　⑧ 数　⑨ 検証　⑩ 健全性の公表
⑪ 財政の基本方針　⑫ 財政の再計算　⑬ 収支の見通し
⑭ 受診率　⑮ 将来の制度改正の見通し　⑯ 随時
⑰ 調整　⑱ 年齢階級別の分布状況　⑲ 分析
⑳ 毎年度

解　答

A　⑱　年齢階級別の分布状況　（法160条）
B　⑰　調整　（法160条）
C　②　２年ごとに　（法160条）
D　⑤　５年間　（法160条）
E　⑬　収支の見通し　（法160条）

完成文

1　協会は、支部被保険者及びその被扶養者の年齢階級別の分布状況と協会が管掌する健康保険の被保険者及びその被扶養者の年齢階級別の分布状況との差異によって生ずる療養の給付等に要する費用の額の負担の不均衡並びに支部被保険者の総報酬額の平均額と協会が管掌する健康保険の被保険者の総報酬額の平均額との差異によって生ずる財政力の不均衡を是正するため、政令で定めるところにより、支部被保険者を単位とする健康保険の財政の調整を行うものとする。

2　協会は、２年ごとに、翌事業年度以降の５年間についての協会が管掌する健康保険の被保険者数及び総報酬額の見通し並びに保険給付に要する費用の額、保険料の額(各事業年度において財政の均衡を保つことができる保険料率の水準を含む。)その他の健康保険事業の収支の見通しを作成し、公表するものとする。

問題19　協会健保の一般保険料率(3)　難易度 A

Check欄 A□□□ B□□□ C□□□ D□□□ E□□□

1　協会が都道府県単位保険料率を変更しようとするときは、あらかじめ、［A］が当該変更に係る都道府県に所在する支部の［B］の意見を聴いた上で、［C］の議を経なければならない。

2　［B］は、上記1の意見を求められた場合のほか、都道府県単位保険料率の変更が必要と認める場合には、あらかじめ、当該支部に設けられた［D］の意見を聴いた上で、［A］に対し、当該都道府県単位保険料率の変更について意見の申出を行うものとする。

3　協会が都道府県単位保険料率を変更しようとするときは、［A］は、その変更について厚生労働大臣の認可を受けなければならない。

4　厚生労働大臣は、都道府県単位保険料率が、当該都道府県における健康保険事業の収支の均衡を図る上で不適当であり、協会が管掌する健康保険の事業の健全な運営に支障があると認めるときは、協会に対し、相当の期間を定めて、当該都道府県単位保険料率の変更の認可を申請すべきことを命ずることができる。

5　厚生労働大臣は、協会が上記4の期間内に上記4の申請をしないときは、［E］の議を経て、当該都道府県単位保険料率を変更することができる。

選択肢

①　委員長	②　運営委員会	③　運用委員会	
④　学識経験者	⑤　監事	⑥　協会	⑦　協議会
⑧　組合会	⑨　健康保険組合	⑩　国会	⑪　支局長
⑫　支部長	⑬　事務局長	⑭　諮問会議	
⑮　社会保障審議会	⑯　代議委員	⑰　代議委員会	
⑱　第三者委員会	⑲　評議会	⑳　理事長	

解　答

A　⑳　理事長　(法160条)
B　⑫　支部長　(法160条)
C　②　運営委員会　(法160条)
D　⑲　評議会　(法160条)
E　⑮　社会保障審議会　(法160条)

完成文

1　協会が都道府県単位保険料率を変更しようとするときは、あらかじめ、理事長が当該変更に係る都道府県に所在する支部の支部長の意見を聴いた上で、運営委員会の議を経なければならない。

2　支部長は、上記１の意見を求められた場合のほか、都道府県単位保険料率の変更が必要と認める場合には、あらかじめ、当該支部に設けられた評議会の意見を聴いた上で、理事長に対し、当該都道府県単位保険料率の変更について意見の申出を行うものとする。

3　協会が都道府県単位保険料率を変更しようとするときは、理事長は、その変更について厚生労働大臣の認可を受けなければならない。

4　厚生労働大臣は、都道府県単位保険料率が、当該都道府県における健康保険事業の収支の均衡を図る上で不適当であり、協会が管掌する健康保険の事業の健全な運営に支障があると認めるときは、協会に対し、相当の期間を定めて、当該都道府県単位保険料率の変更の認可を申請すべきことを命ずることができる。

5　厚生労働大臣は、協会が上記４の期間内に上記４の申請をしないときは、社会保障審議会の議を経て、当該都道府県単位保険料率を変更することができる。

問題20　保険料の免除、繰上げ徴収　難易度 B

Check欄 A□□□ B□□□ C□□□ D□□□ E□□□

1　育児休業等をしている被保険者(下記2の規定の適用を受けている被保険者を除く。)が使用される事業所の事業主が、厚生労働省令で定めるところにより保険者等に申出をしたときは、次の各号に掲げる場合の区分に応じ、当該各号に定める月の当該 [A] (その育児休業等の期間が [B] である者については、標準報酬月額に係る保険料に限る。)は、徴収しない。

一　その育児休業等を開始した日の属する月とその育児休業等が終了する日の翌日が属する月とが異なる場合

→　その育児休業等を開始した日の属する月からその育児休業等が終了する日の翌日が属する月の前月までの月

二　その育児休業等を開始した日の属する月とその育児休業等が終了する日の翌日が属する月とが同一であり、かつ、当該月における育児休業等の日数として厚生労働省令で定めるところにより計算した日数が [C] である場合

→　当該月

2　産前産後休業をしている被保険者が使用される事業所の事業主が、厚生労働省令で定めるところにより保険者等に申出をしたときは、その産前産後休業を開始した日の属する月からその産前産後休業が終了する日の翌日が属する月の前月までの期間、当該 [A] を徴収しない。

3　保険者等(被保険者が協会が管掌する健康保険の任意継続被保険者である場合は協会、被保険者が健康保険組合が管掌する健康保険の被保険者である場合は当該健康保険組合、これら以外の場合は厚生労働大臣をいう。)は、 [A] の納入の告知をした後に告知をした保険料額が当該納付義務者の納付すべき保険料額を超えていることを知ったとき、又は納付した

［　A　］額が当該納付義務者の納付すべき保険料額を超えていることを知ったときは、その超えている部分に関する納入の告知又は納付を、その告知又は納付の日の翌日から6か月以内の期日に納付されるべき保険料について納期を繰り上げてしたものとみなすことができる。

4　保険料は、以下に掲げる場合においては、納期前であっても、すべて徴収することができる。

a　納付義務者が、以下のいずれかに該当する場合

イ　国税、地方税その他の公課［　D　］。

ロ　強制執行を受けるとき。

ハ　破産手続開始の決定を受けたとき。

ニ　企業担保権の実行手続の開始があったとき。

ホ　競売の開始があったとき。

b　法人である納付義務者が、解散をした場合

c　被保険者の使用される事業所が、［　E　］された場合

選択肢

①　1か月以下　②　1か月以上　③　休止
④　業種変更　⑤　事業主が負担すべき保険料
⑥　任意適用取消しを
⑦　の滞納によって、滞納処分を受けるとき
⑧　の滞納によって、督促を受けるとき
⑨　の滞納によって、納入告知を受けるとき　⑩　廃止
⑪　2か月以下　⑫　2か月以上　⑬　10日以上
⑭　14日以上　⑮　被保険者が負担すべき保険料
⑯　被保険者に関する保険料　⑰　保険料の2分の1相当額
⑱　20日以上　⑲　28日以上　⑳　を滞納したとき

解　答

A　⑯　被保険者に関する保険料　(法159条、159条の3、164条)
B　①　1か月以下　(法159条)
C　⑭　14日以上　(法159条)
D　⑦　の滞納によって、滞納処分を受けるとき　(法172条)
E　⑩　廃止　(法172条)

完成文

1　育児休業等をしている被保険者(下記2の規定の適用を受けている被保険者を除く。)が使用される事業所の事業主が、厚生労働省令で定めるところにより保険者等に申出をしたときは、次の各号に掲げる場合の区分に応じ、当該各号に定める月の当該被保険者に関する保険料(その育児休業等の期間が1か月以下である者については、標準報酬月額に係る保険料に限る。)は、徴収しない。

一　その育児休業等を開始した日の属する月とその育児休業等が終了する日の翌日が属する月とが異なる場合

→　その育児休業等を開始した日の属する月からその育児休業等が終了する日の翌日が属する月の前月までの月

二　その育児休業等を開始した日の属する月とその育児休業等が終了する日の翌日が属する月とが同一であり、かつ、当該月における育児休業等の日数として厚生労働省令で定めるところにより計算した日数が14日以上である場合

→　当該月

2　産前産後休業をしている被保険者が使用される事業所の事業主が、厚生労働省令で定めるところにより保険者等に申出をしたときは、その産前産後休業を開始した日の属する月からその産前産後休業が終了する日の翌日が属する月の前月までの期間、当該被保険者に関する保険料を徴収しな

い。

3　保険者等（被保険者が協会が管掌する健康保険の任意継続被保険者である場合は協会、被保険者が健康保険組合が管掌する健康保険の被保険者である場合は当該健康保険組合、これら以外の場合は厚生労働大臣をいう。）は、被保険者に関する保険料の納入の告知をした後に告知をした保険料額が当該納付義務者の納付すべき保険料額を超えていることを知ったとき、又は納付した被保険者に関する保険料額が当該納付義務者の納付すべき保険料額を超えていることを知ったときは、その超えている部分に関する納入の告知又は納付を、その告知又は納付の日の翌日から6か月以内の期日に納付されるべき保険料について納期を繰り上げてしたものとみなすことができる。

4　保険料は、以下に掲げる場合においては、納期前であっても、すべて徴収することができる。

a　納付義務者が、以下のいずれかに該当する場合

イ　国税、地方税その他の公課の滞納によって、滞納処分を受けるとき。

ロ　強制執行を受けるとき。

ハ　破産手続開始の決定を受けたとき。

ニ　企業担保権の実行手続の開始があったとき。

ホ　競売の開始があったとき。

b　法人である納付義務者が、解散をした場合

c　被保険者の使用される事業所が、廃止された場合

問題21　滞納処分等(1)　難易度 B

Check欄 A□□□ B□□□ C□□□ D□□□ E□□□

1　保険者等は、納付義務者が以下のいずれかに該当する場合においては、国税滞納処分の例によってこれを処分し、又は納付義務者の居住地若しくはその者の財産所在地の［ A ］に対して、その処分を請求することができる。

ア　［ B ］を受けた者がその指定の期限までに保険料等を納付しないとき。

イ　第172条(保険料の繰上徴収)各号のいずれかに該当したことにより納期を繰り上げて保険料納入の告知を受けた者がその指定の期限までに保険料を納付しないとき。

2　上記1の規定により［ C ］が国税滞納処分の例により処分を行う場合においては、［ D ］の認可を受けなければならない。

3　［ A ］は、上記1の規定による処分の請求を受けたときは、市町村税の例によってこれを処分することができる。この場合においては、保険者は、徴収金の100分の［ E ］に相当する額を当該［ A ］に交付しなければならない。

選択肢

① 1	② 2	③ 3	④ 4	⑤ 協会
⑥ 協会又は健康保険組合		⑦ 健康保険組合		
⑧ 健康保険組合連合会		⑨ 厚生労働大臣		⑩ 催告
⑪ 裁判所	⑫ 財務大臣	⑬ 市町村		⑭ 税務署
⑮ 総務大臣	⑯ 督促	⑰ 都道府県		
⑱ 都道府県知事	⑲ 納付勧奨	⑳ 納付命令		

解　答

A　⑬　市町村　（法180条）
B　⑯　督促　（法180条）
C　⑥　協会又は健康保険組合　（法180条）
D　⑨　厚生労働大臣　（法180条）
E　④　４　（法180条）

完成文

1　保険者等は、納付義務者が以下のいずれかに該当する場合においては、国税滞納処分の例によってこれを処分し、又は納付義務者の居住地若しくはその者の財産所在地の市町村に対して、その処分を請求することができる。

ア　督促を受けた者がその指定の期限までに保険料等を納付しないとき。

イ　第172条（保険料の繰上徴収）各号のいずれかに該当したことにより納期を繰り上げて保険料納入の告知を受けた者がその指定の期限までに保険料を納付しないとき。

2　上記１の規定により協会又は健康保険組合が国税滞納処分の例により処分を行う場合においては、厚生労働大臣の認可を受けなければならない。

3　市町村は、上記１の規定による処分の請求を受けたときは、市町村税の例によってこれを処分することができる。この場合においては、保険者は、徴収金の100分の４に相当する額を当該市町村に交付しなければならない。

問題22　滞納処分等(2)

難易度 A

Check欄 A□□□ B□□□ C□□□ D□□□ E□□□

厚生労働大臣は、滞納処分等その他の処分に係る納付義務者が滞納処分等その他の処分の執行を免れる目的でその財産について隠ぺいしているおそれがあることその他以下アからエの事情があるため保険料等の［ A ］な徴収を行う上で必要があると認めるときは、政令で定めるところにより、［ B ］に、当該納付義務者に関する情報その他必要な情報を提供するとともに、当該納付義務者に係る滞納処分等その他の処分の権限の全部又は一部を委任することができる。

ア　納付義務者が［ C ］分以上の保険料を滞納していること。

イ　納付義務者が滞納処分等その他の処分の執行を免れる目的でその財産について隠ぺいしているおそれがあること。

ウ　納付義務者が滞納している保険料等の額が［ D ］円以上であること。

エ　滞納処分等その他の処分を受けたにもかかわらず、納付義務者が滞納している保険料等の納付について［ E ］を有すると認められないこと。

選択肢

① 1億	② 3か月	③ 6か月	④ 12か月
⑤ 24か月	⑥ 1,000万	⑦ 3,000万	⑧ 5,000万
⑨ 円滑	⑩ 効果的	⑪ 財務大臣	⑫ 市町村長
⑬ 迅速	⑭ 誠実な意思	⑮ 正当な理由	
⑯ 総務大臣	⑰ 日本年金機構	⑱ 納付が困難な事由	
⑲ 納付の意思	⑳ 能率的		

解　答

A　⑩　効果的　（法204条の２）
B　⑪　財務大臣　（法204条の２）
C　⑤　24か月　（則158条の９）
D　⑧　5,000万　（則158条の10）
E　⑭　誠実な意思　（令63条）

完成文

厚生労働大臣は、滞納処分等その他の処分に係る納付義務者が滞納処分等その他の処分の執行を免れる目的でその財産について隠ぺいしているおそれがあることその他以下アからエの事情があるため保険料等の効果的な徴収を行う上で必要があると認めるときは、政令で定めるところにより、財務大臣に、当該納付義務者に関する情報その他必要な情報を提供するとともに、当該納付義務者に係る滞納処分等その他の処分の権限の全部又は一部を委任することができる。

ア　納付義務者が24か月分以上の保険料を滞納していること。

イ　納付義務者が滞納処分等その他の処分の執行を免れる目的でその財産について隠ぺいしているおそれがあること。

ウ　納付義務者が滞納している保険料等の額が5,000万円以上であること。

エ　滞納処分等その他の処分を受けたにもかかわらず、納付義務者が滞納している保険料等の納付について誠実な意思を有すると認められないこと。

問題23　延滞金　難易度 C

Check欄 A□□□ B□□□ C□□□ D□□□ E□□□

1　保険料等の督促をしたときは、保険者等は、徴収金額に、［ A ］から徴収金完納又は財産差押えの［ B ］までの期間の日数に応じ、年14.6%（当該督促が保険料に係るものであるときは、当該［ A ］から［ C ］を経過する日までの期間については、年7.3%）の割合を乗じて計算した延滞金を徴収する。ただし、以下のいずれかに該当する場合又は滞納につきやむを得ない事情があると認められる場合は、この限りでない。

ア　徴収金額が［ D ］円未満であるとき。

イ　納期を繰り上げて徴収するとき。

ウ　納付義務者の住所若しくは居所が国内にないため、又はその住所及び居所がいずれも明らかでないため、公示送達の方法によって督促をしたとき。

2　上記1の場合において、徴収金額の一部につき納付があったときは、その納付の日以後の期間に係る延滞金の計算の基礎となる徴収金は、その納付のあった徴収金額を控除した金額による。

3　延滞金を計算するに当たり、徴収金額に［ D ］円未満の端数があるときは、その端数は、切り捨てる。

4　督促状に指定した期限までに徴収金を完納したとき、又は上記の規定によって計算した金額が［ E ］円未満であるときは、延滞金は、徴収しない。

5　延滞金の金額に［ E ］円未満の端数があるときは、その端数は、切り捨てる。

選択肢

① 1	② 5	③ 10	④ 50	⑤ 100
⑥ 500	⑦ 1,000	⑧ 10,000	⑨ １か月	
⑩ １年	⑪ ２か月	⑫ ３か月		

⑬ 督促状の指定期限の日　⑭ 督促状の指定期限の翌日
⑮ 納期限の日　⑯ 納期限の翌日　⑰ 日
⑱ 日の前日　⑲ 日の属する月の前月末日　⑳ 日の翌日

解　答

A　⑯　納期限の翌日　（法181条）
B　⑱　日の前日　（法181条）
C　⑫　３か月　（法181条）
D　⑦　1,000　（法181条）
E　⑤　100　（法181条）

完成文

1　保険料等の**督促**をしたときは、保険者等は、徴収金額に、納期限の翌日から徴収金完納又は財産差押えの日の前日までの期間の日数に応じ、年**14.6**％（当該督促が保険料に係るものであるときは、当該納期限の翌日から３か月を経過する日までの期間については、年**7.3**％）の割合を乗じて計算した延滞金を徴収する。ただし、以下のいずれかに該当する場合又は滞納につきやむを得ない事情があると認められる場合は、この限りでない。

ア　徴収金額が1,000円未満であるとき。

イ　納期を繰り上げて徴収するとき。

ウ　納付義務者の住所若しくは居所が国内にないため、又はその住所及び居所がいずれも明らかでないため、**公示送達**の方法によって督促をしたとき。

2　上記１の場合において、徴収金額の一部につき納付があったときは、その**納付の日以後**の期間に係る延滞金の計算の基礎となる徴収金は、その納付のあった徴収金額を控除した金額による。

3　延滞金を計算するに当たり、徴収金額に1,000円未満の端数があるときは、その端数は、切り捨てる。

4　**督促状に指定した期限**までに徴収金を完納したとき、又は上記の規定によって計算した金額が100円未満であるときは、延滞金は、徴収しない。

5　延滞金の金額に100円未満の端数があるときは、その端数は、切り捨てる。

問題24　協会による広報その他　難易度 A

Check欄 A□□□ B□□□ C□□□ D□□□ E□□□

1　協会は、その管掌する健康保険の事業の円滑な運営が図られるよう、当該事業の［ A ］に関する広報を実施するとともに、保険料の納付の［ B ］その他厚生労働大臣の行う保険料の徴収に係る業務に対する適切な［ C ］を行うものとする。

2　厚生労働大臣は、協会と協議を行い、効果的な保険料の徴収を行うために必要があると認めるときは、協会に保険料の［ D ］に関する情報その他必要な情報を提供するとともに、当該［ D ］に係る保険料の徴収を行わせることができる。

3　保険料等の先取特権の順位は、［ E ］に次ぐものとする。

4　保険料等は、健康保険法に別段の規定があるものを除き、国税徴収の例により徴収する。

選択肢

① 意義及び内容	② 運営体制	③ 勧告	④ 勧奨
⑤ 協力	⑥ 国税	⑦ 国税及び地方税	
⑧ 国税及び地方税並びに厚生年金保険料		⑨ 催告	
⑩ 財務状況	⑪ 指導	⑫ 滞納者	⑬ 地方税
⑭ 督促	⑮ 納付義務者	⑯ 納付義務者たる事業主	
⑰ 納付義務者たる被保険者		⑱ 命令	⑲ 要請
⑳ 理念			

解　答

A　①　意義及び内容　（法181条の２）
B　④　勧奨　（法181条の２）
C　⑤　協力　（法181条の２）
D　⑫　滞納者　（法181条の３）
E　⑦　国税及び地方税　（法182条）

完成文

1　協会は、その管掌する健康保険の事業の円滑な運営が図られるよう、当該事業の意義及び内容に関する広報を実施するとともに、保険料の納付の勧奨その他厚生労働大臣の行う保険料の徴収に係る業務に対する適切な協力を行うものとする。

2　厚生労働大臣は、協会と協議を行い、効果的な保険料の徴収を行うために必要があると認めるときは、協会に保険料の滞納者に関する情報その他必要な情報を提供するとともに、当該滞納者に係る保険料の徴収を行わせることができる。

3　保険料等の先取特権の順位は、国税及び地方税に次ぐものとする。

4　保険料等は、健康保険法に別段の規定があるものを除き、国税徴収の例により徴収する。

問題25　療養の給付(1)　難易度 B

Check欄 A□□□ B□□□ C□□□ D□□□ E□□□

1　被保険者の疾病又は負傷に関しては、以下に掲げる療養の給付を行う。

(1)　[A]

(2)　薬剤又は治療材料の支給

(3)　処置、手術その他の治療

(4)　[B]における療養上の管理及び[C]

(5)　病院又は診療所への入院及び[C]

2　療養の給付を受けようとする者は、以下に掲げる病院若しくは診療所又は薬局のうち、自己の選定するものから、電子資格確認その他厚生労働省令で定める方法(電子資格確認等)により、被保険者であることの確認を受け、療養の給付を受けるものとする。

(1)　[D]の指定を受けた病院若しくは診療所(保険医療機関という。)又は薬局(保険薬局という。)

(2)　特定の保険者が管掌する被保険者に対して診療又は調剤を行う病院若しくは診療所又は薬局であって、当該保険者が指定したもの

(3)　[E]である保険者が開設する病院若しくは診療所又は薬局

選択肢

①	居宅	②	健康保険組合	③	健康保険組合連合会		
④	厚生労働大臣	⑤	在宅	⑥	事業主	⑦	自宅
⑧	市町村長	⑨	社会保障審議会			⑩	住所地
⑪	受診	⑫	診察	⑬	診断	⑭	全国健康保険協会
⑮	その療養に伴う世話その他の介護						
⑯	その療養に伴う世話その他の看護					⑰	都道府県知事
⑱	日常の生活の世話その他の介護					⑲	必要な診療の補助
⑳	問診						

解　答

A　⑫　**診察**　（法63条）
B　①　**居宅**　（法63条）
C　⑯　**その療養に伴う世話その他の看護**　（法63条）
D　④　**厚生労働大臣**　（法63条）
E　②　**健康保険組合**　（法63条）

完成文

1　被保険者の疾病又は負傷に関しては、以下に掲げる療養の給付を行う。
(1)　診察
(2)　薬剤又は治療材料の支給
(3)　処置、手術その他の治療
(4)　居宅における療養上の管理及びその療養に伴う世話その他の看護
(5)　病院又は診療所への入院及びその療養に伴う世話その他の看護

2　療養の給付を受けようとする者は、以下に掲げる病院若しくは診療所又は薬局のうち、**自己の選定**するものから、**電子資格確認**その他厚生労働省令で定める方法(**電子資格確認**等)により、被保険者であることの確認を受け、療養の給付を受けるものとする。
(1)　厚生労働大臣の指定を受けた病院若しくは診療所(保険医療機関という。)又は薬局(保険薬局という。)
(2)　**特定の保険者**が管掌する被保険者に対して診療又は調剤を行う病院若しくは診療所又は薬局であって、当該**保険者が指定**したもの
(3)　健康保険組合である保険者が開設する病院若しくは診療所又は薬局

問題26　療養の給付(2)　難易度 B

Check欄 A□□□ B□□□ C□□□ D□□□ E□□□

以下に掲げる療養に係る給付は、療養の給付に含まれない。

(1)　食事療養…食事の提供である療養であって入院療養と併せて行うもの(療養病床への入院及びその療養に伴う世話その他の看護であって、当該療養を受ける際、［ A ］に達する日の属する月の翌月以後である被保険者(特定長期入院被保険者)に係るものを除く。)

(2)　［ B ］療養…以下に掲げる療養であって入院療養と併せて行うもの(特定長期入院被保険者に係るものに限る。)

ア　食事の提供である療養

イ　温度、照明及び給水に関する適切な療養環境の形成である療養

(3)　［ C ］療養…厚生労働大臣が定める高度の医療技術を用いた療養その他の療養であって、療養の給付の対象とすべきものであるか否かについて、適正な医療の効率的な提供を図る観点から［ C ］を行うことが必要な療養(［ D ］療養を除く。)として厚生労働大臣が定めるもの

(4)　［ D ］療養…高度の医療技術を用いた療養であって、当該療養を受けようとする者の申出に基づき、療養の給付の対象とすべきものであるか否かについて、適正な医療の効率的な提供を図る観点から［ C ］を行うことが必要な療養として厚生労働大臣が定めるもの

(5)　［ E ］療養…被保険者の［ E ］に係る特別の病室の提供その他の厚生労働大臣が定める療養

選択肢

① 60歳	② 65歳	③ 70歳	④ 75歳	⑤ 介護
⑥ 環境	⑦ 患者申出	⑧ 高度先進		⑨ 終末
⑩ 生活	⑪ 先進	⑫ 選択	⑬ 選定	⑭ 選別
⑮ 特定	⑯ 特約	⑰ 被保険者申出		⑱ 評価
⑲ 保険医療機関指定		⑳ 保険者指定		

解　答

A　②　65歳　（法63条）
B　⑩　生活　（法63条）
C　⑱　評価　（法63条）
D　⑦　患者申出　（法63条）
E　⑬　選定　（法63条）

完成文

以下に掲げる療養に係る給付は、療養の給付に含まれない。

(1)　食事療養…食事の提供である療養であって入院療養と併せて行うもの(療養病床への入院及びその療養に伴う世話その他の看護であって、当該療養を受ける際、65歳に達する日の属する月の翌月以後である被保険者(特定長期入院被保険者)に係るものを除く。)

(2)　生活療養…以下に掲げる療養であって入院療養と併せて行うもの(特定長期入院被保険者に係るものに限る。)

ア　食事の提供である療養

イ　温度、照明及び給水に関する適切な療養環境の形成である療養

(3)　評価療養…厚生労働大臣が定める高度の医療技術を用いた療養その他の療養であって、療養の給付の対象とすべきものであるか否かについて、適正な医療の効率的な提供を図る観点から評価を行うことが必要な療養(患者申出療養を除く。)として厚生労働大臣が定めるもの

(4)　患者申出療養…高度の医療技術を用いた療養であって、当該療養を受けようとする者の申出に基づき、療養の給付の対象とすべきものであるか否かについて、適正な医療の効率的な提供を図る観点から評価を行うことが必要な療養として厚生労働大臣が定めるもの

(5)　選定療養…被保険者の選定に係る特別の病室の提供その他の厚生労働大臣が定める療養

問題27　保険医療機関等、保険医等(1)　難易度 B

Check欄 A□□□ B□□□ C□□□ D□□□ E□□□

1　保険医療機関又は保険薬局の指定は、政令で定めるところにより、病院若しくは診療所又は薬局の［ A ］の申請により行う。この場合において、その申請が病院又は病床を有する診療所に係るものであるときは、当該申請は、病床の種別ごとにその数を定めて行うものとする。

2　厚生労働大臣は、上記１の申請があった場合において、次のアからカのいずれかに該当するときは、指定をしないことができる。

ア　当該申請に係る病院若しくは診療所又は薬局が、保険医療機関又は保険薬局の指定を取り消されて［ B ］を経過しないものであるとき

イ　当該申請に係る病院若しくは診療所又は薬局が、保険給付に関し診療又は調剤の内容が適切さを欠くおそれがあるとして重ねて厚生労働大臣の指導を受けたものであるとき

ウ　当該申請に係る病院若しくは診療所又は薬局の［ A ］又は管理者が、健康保険法その他国民の保健医療に関する法律で政令で定めるものの規定により罰金の刑に処せられ、その執行を終わり、又は執行を受けることがなくなるまでの者であるとき

エ　当該申請に係る病院若しくは診療所又は薬局の［ A ］又は管理者が、［ C ］以上の刑に処せられ、その執行を終わり、又は執行を受けることがなくなるまでの者であるとき

オ　当該申請に係る病院若しくは診療所又は薬局の［ A ］又は管理者が、健康保険法、船員保険法、国民健康保険法、高齢者医療確保法、地方公務員等共済組合法、私立学校教職員共済法、厚生年金保険法又は国民年金法（社会保険各法）の定めるところにより納付義務を負う保険料、負担金又は掛金（地方税法の規定による国民健康保険税を含む。「社会保険料」という。）について、当該申請をした日の前日までに、これらの法

律の規定に基づく［　D　］を受け、かつ、当該処分を受けた日から正当な理由なく［　E　］以上の期間にわたり、当該処分を受けた日以降に納期限の到来した社会保険料のすべて（当該処分を受けた者が、当該処分に係る社会保険料の納付義務を負うことを定める法律によって納付義務を負う社会保険料に限る。）を引き続き滞納している者であるとき

カ　上記のほか、当該申請に係る病院若しくは診療所又は薬局が、保険医療機関又は保険薬局として著しく不適当と認められるものであるとき

選択肢

①　１か月	②　１年	③　１年６か月	④　３か月
⑤　３年	⑥　５年	⑦　６か月	⑧　７年
⑨　開設者	⑩　過料	⑪　禁錮	⑫　催告
⑬　従事する者	⑭　出資者	⑮　滞納処分	⑯　懲役
⑰　督促	⑱　納付勧奨	⑲　罰金	
⑳　保険医又は保険薬剤師			

解　答

A　⑨　開設者　（法65条）
B　⑥　５年　（法65条）
C　⑪　禁錮　（法65条）
D　⑮　滞納処分　（法65条）
E　④　３か月　（法65条）

完成文

1　保険医療機関又は保険薬局の指定は、政令で定めるところにより、病院若しくは診療所又は薬局の開設者の申請により行う。この場合において、その申請が病院又は病床を有する診療所に係るものであるときは、当該申請は、病床の種別ごとにその数を定めて行うものとする。

2　厚生労働大臣は、上記１の申請があった場合において、次のアからカのいずれかに該当するときは、指定をしないことができる。

ア　当該申請に係る病院若しくは診療所又は薬局が、保険医療機関又は保険薬局の指定を取り消されて５年を経過しないものであるとき

イ　当該申請に係る病院若しくは診療所又は薬局が、保険給付に関し診療又は調剤の内容が適切さを欠くおそれがあるとして重ねて厚生労働大臣の指導を受けたものであるとき

ウ　当該申請に係る病院若しくは診療所又は薬局の開設者又は管理者が、健康保険法その他国民の保健医療に関する法律で政令で定めるものの規定により罰金の刑に処せられ、その執行を終わり、又は執行を受けることがなくなるまでの者であるとき

エ　当該申請に係る病院若しくは診療所又は薬局の開設者又は管理者が、禁錮以上の刑に処せられ、その執行を終わり、又は執行を受けることがなくなるまでの者であるとき

オ　当該申請に係る病院若しくは診療所又は薬局の開設者又は管理者が、健康保険法、船員保険法、国民健康保険法、高齢者医療確保法、地方公

務員等共済組合法、私立学校教職員共済法、厚生年金保険法又は国民年金法(社会保険各法)の定めるところにより納付義務を負う保険料、負担金又は掛金(地方税法の規定による国民健康保険税を含む。「社会保険料」という。)について、当該申請をした日の前日までに、これらの法律の規定に基づく滞納処分を受け、かつ、当該処分を受けた日から正当な理由なく3か月以上の期間にわたり、当該処分を受けた日以降に納期限の到来した社会保険料のすべて(当該処分を受けた者が、当該処分に係る社会保険料の納付義務を負うことを定める法律によって納付義務を負う社会保険料に限る。)を引き続き滞納している者であるとき

カ　上記のほか、当該申請に係る病院若しくは診療所又は薬局が、保険医療機関又は保険薬局として著しく不適当と認められるものであるとき

問題28　保険医療機関等、保険医等(2)　難易度 B

Check欄 A□□□ B□□□ C□□□ D□□□ E□□□

1　保険医療機関又は保険薬局の指定は、指定の日から起算して［ A ］を経過したときは、その効力を失う。

2　保険医療機関（病院及び病床を有する診療所を除く。）又は保険薬局であって厚生労働省令で定めるものについては、上記1の規定によりその指定の効力を失う日前6か月から同日前3か月までの間に、別段の申出がないときは、保険医療機関又は保険薬局の指定の申請があったものとみなす。

3　保険医療機関又は保険薬局は、その指定を辞退することができ、保険医又は保険薬剤師は、その登録の抹消を求めることができるが、その場合には［ B ］以上の予告期間を設けなければならない。

4　厚生労働大臣は、保険医療機関及び保険薬局の責務又は保険医及び保険薬剤師の責務等の規定における厚生労働省令等を定めようとするときは、［ C ］に諮問するものとする。

5　厚生労働大臣は、保険医療機関若しくは保険薬局の指定を行おうとするとき、若しくはその指定を取り消そうとするとき、又は保険医若しくは保険薬剤師の登録を取り消そうとするときは、［ D ］に諮問するものとする。

6　保険者は、療養の給付に関する費用の審査・支払に関する事務を社会保険診療報酬支払基金又は［ E ］に委託することができる。

選択肢

① １か月	② １年	③ ３か月	④ ３年
⑤ ４年	⑥ ６年	⑦ 14日	⑧ 30日
⑨ 運営委員会		⑩ 国民健康保険運営協議会	
⑪ 国民健康保険組合		⑫ 国民健康保険審査会	
⑬ 国民健康保険団体連合会		⑭ 社会保障審議会	
⑮ 全国社会保険医療協議会		⑯ 地方社会保険医療協議会	
⑰ 地方社会保険医療審議会		⑱ 中央社会保険医療協議会	
⑲ 中央社会保険医療審議会		⑳ 都道府県社会保険医療協議会	

解　答

A　⑥　６年　（法68条）
B　①　１か月　（法79条）
C　⑱　中央社会保険医療協議会　（法82条）
D　⑯　地方社会保険医療協議会　（法82条）
E　⑬　国民健康保険団体連合会　（法76条）

完成文

1　保険医療機関又は保険薬局の指定は、指定の日から起算して6年を経過したときは、その効力を失う。

2　保険医療機関(病院及び病床を有する診療所を除く。)又は保険薬局であって厚生労働省令で定めるものについては、上記1の規定によりその指定の効力を失う日前6か月から同日前3か月までの間に、別段の申出がないときは、保険医療機関又は保険薬局の指定の申請があったものとみなす。

3　保険医療機関又は保険薬局は、その指定を辞退することができ、保険医又は保険薬剤師は、その登録の抹消を求めることができるが、その場合には1か月以上の予告期間を設けなければならない。

4　厚生労働大臣は、保険医療機関及び保険薬局の責務又は保険医及び保険薬剤師の責務等の規定における厚生労働省令等を定めようとするときは、中央社会保険医療協議会に諮問するものとする。

5　厚生労働大臣は、保険医療機関若しくは保険薬局の指定を行おうとするとき、若しくはその指定を取り消そうとするとき、又は保険医若しくは保険薬剤師の登録を取り消そうとするときは、地方社会保険医療協議会に諮問するものとする。

6　保険者は、療養の給付に関する費用の審査・支払に関する事務を社会保険診療報酬支払基金又は国民健康保険団体連合会に委託することができる。

問題29　保険医療機関等、保険医等(3)　難易度 B

Check欄 A□□□ B□□□ C□□□ D□□□ E□□□

1　保険医療機関のうち医療法に規定する［　A　］その他の病院であって厚生労働省令で定めるものは、患者の病状その他の患者の事情に応じた適切な他の保険医療機関を当該患者に紹介することその他の保険医療機関相互間の機能の分担及び業務の連携のための措置として厚生労働省令で定める措置を講ずるものとする。

2　保険医療機関のうち、医療法に規定する一般病床(一般病床)を有する同法に規定する地域医療支援病院(一般病床の数が［　B　］であるものを除く。)、同法に規定する［　A　］及び同法に規定する外来機能報告対象病院等(外来医療を提供する基幹的な病院として都道府県が公表したものに限り、一般病床の数が［　B　］であるものを除く。)であるものは、上記１に規定する保険医療機関相互間の機能の分担及び業務の連携のための措置として、次に掲げる措置を講ずるものとする。

①　患者の病状その他の患者の事情に応じた適切な他の保険医療機関を当該患者に紹介すること。

②　［　C　］(厚生労働大臣の定めるものに限る。)に関し、当該療養に要する費用の範囲内において厚生労働大臣の定める金額以上の金額の支払を求めること(厚生労働大臣の定める場合を除く。)。

3　上記２の厚生労働大臣の定める金額は、以下の通りとする。

①　初診に係る厚生労働大臣が定める金額

a　医師である保険医による初診の場合：［　D　］

b　歯科医師である保険医による初診の場合：［　E　］

②　再診に係る厚生労働大臣が定める金額

a　医師である保険医による再診の場合：３千円

b　歯科医師である保険医による再診の場合：１千９百円

選択肢

①　１万円	②　２千５百円	③　２千円	④　５千円
⑤　４千円	⑥　７千円	⑦　６千円	⑧　７千５百円
⑨　20以上	⑩　200以上	⑪　200未満	⑫　400以上
⑬　患者申出療養	⑭　社会保険病院	⑮　診療所又は助産所	
⑯　先進医療	⑰　選定療養	⑱　特定機能病院	
⑲　評価療養	⑳　臨床研究中核病院		

解　答

A　⑱　特定機能病院　（法70条、療養担当規則５条）
B　⑪　200未満　（療養担当規則５条）
C　⑰　選定療養　（療養担当規則５条）
D　⑥　７千円　（R４．３．４厚労告52）
E　④　５千円　（R４．３．４厚労告52）

完成文

1　保険医療機関のうち医療法に規定する特定機能病院その他の病院であって厚生労働省令で定めるものは、患者の病状その他の患者の事情に応じた適切な他の保険医療機関を当該患者に紹介することその他の保険医療機関相互間の機能の分担及び業務の連携のための措置として厚生労働省令で定める措置を講ずるものとする。

2　保険医療機関のうち、医療法に規定する一般病床(一般病床)を有する同法に規定する地域医療支援病院(一般病床の数が200未満であるものを除く。)、同法に規定する特定機能病院及び同法に規定する外来機能報告対象病院等(外来医療を提供する基幹的な病院として都道府県が公表したものに限り、一般病床の数が200未満であるものを除く。)であるものは、上記1に規定する保険医療機関相互間の機能の分担及び業務の連携のための措置として、次に掲げる措置を講ずるものとする。

①　患者の病状その他の患者の事情に応じた適切な他の保険医療機関を当該患者に紹介すること。

②　選定療養(厚生労働大臣の定めるものに限る。)に関し、当該療養に要する費用の範囲内において厚生労働大臣の定める金額以上の金額の支払を求めること(厚生労働大臣の定める場合を除く。)。

3　上記2の厚生労働大臣の定める金額は、以下の通りとする。

①　初診に係る厚生労働大臣が定める金額

a　医師である保険医による初診の場合：7千円

b　歯科医師である保険医による初診の場合：5千円

②　再診に係る厚生労働大臣が定める金額

a　医師である保険医による再診の場合：3千円

b　歯科医師である保険医による再診の場合：1千9百円

問題30　療養の給付の一部負担金　難易度 C

Check欄 A□□□ B□□□ C□□□ D□□□ E□□□

1　保険医療機関又は保険薬局から療養の給付を受ける者は、その給付を受ける際、以下の場合の区分に応じ、当該給付につき療養の給付に関する費用の額として算定された額に当該区分ごとに定める割合を乗じて得た額を、一部負担金として、当該保険医療機関又は保険薬局に支払わなければならない。

(1)　［ A ］に達する日の属する月以前である場合…100分の30

(2)　［ A ］に達する日の属する月の翌月以後である場合((3)に掲げる場合を除く。)…［ B ］

(3)　［ A ］に達する日の属する月の翌月以後である場合であって、標準報酬月額が［ C ］以上であるとき…100分の30

2　上記1(3)の規定は、被保険者及びその被扶養者(［ A ］に達する日の属する月の翌月以後である場合に該当する者に限る。)について厚生労働省令で定めるところにより算定した収入の額が［ D ］(被扶養者がいない者にあっては、［ E ］)に満たない者等については、適用しない。

選択肢

① 28万円	② 30万円	③ 34万円	④ 37万円
⑤ 65歳	⑥ 70歳	⑦ 75歳	⑧ 80歳
⑨ 100分の10	⑩ 100分の20	⑪ 100分の30	
⑫ 100分の40	⑬ 103万円	⑭ 130万円	⑮ 383万円
⑯ 484万円	⑰ 520万円	⑱ 621万円	⑲ 655万円
⑳ 850万円			

解　答

A　⑥　70歳　（法74条、令34条）
B　⑩　100分の20　（法74条）
C　①　28万円　（令34条）
D　⑰　520万円　（令34条）
E　⑮　383万円　（令34条）

完成文

1　保険医療機関又は保険薬局から療養の給付を受ける者は、その給付を受ける際、以下の場合の区分に応じ、当該給付につき療養の給付に関する費用の額として算定された額に当該区分ごとに定める割合を乗じて得た額を、一部負担金として、当該保険医療機関又は保険薬局に支払わなければならない。

⑴　70歳に達する日の属する月以前である場合…100分の30

⑵　70歳に達する日の属する月の翌月以後である場合（⑶に掲げる場合を除く。）…100分の20

⑶　70歳に達する日の属する月の翌月以後である場合であって、標準報酬月額が28万円以上であるとき…100分の30

2　上記1⑶の規定は、被保険者及びその被扶養者（70歳に達する日の属する月の翌月以後である場合に該当する者に限る。）について厚生労働省令で定めるところにより算定した収入の額が520万円（被扶養者がいない者にあっては、383万円）に満たない者等については、適用しない。

問題31　入院時食事療養費　難易度 B

Check欄 A□□□ B□□□ C□□□ D□□□ E□□□

1　被保険者(特定長期入院被保険者を除く。)が、厚生労働省令で定めるところにより、療養の給付の実施機関である病院又は診療所のうち自己の選定するものから、電子資格確認等により、被保険者であることの確認を受け、法63条1項5号に掲げる療養の給付(病院又は診療所への入院及びその療養に伴う世話その他の看護)と併せて受けた食事療養に要した費用について、入院時食事療養費を支給するが、その額は、当該食事療養につき、食事療養に要する平均的な費用の額を勘案して［ A ］の定める基準により算定した費用の額から、平均的な家計における食費の状況及び特定介護保険施設等における食事の提供に要する平均的な費用の額を勘案して［ A ］が定める額(以下［ B ］という。)を控除した額とする。なお、［ B ］は、原則として1食あたり［ C ］とされており、1日の［ B ］は、［ D ］に相当する額を限度とする。

2　［ A ］は、上記1の規定による基準を定めようとするときは［ E ］に諮問するものとする。

選択肢

① 1食	② 2食	③ 3食	④ 4食
⑤ 360円	⑥ 460円	⑦ 560円	⑧ 780円
⑨ 一部負担金	⑩ 経済財政諮問会議	⑪ 厚生労働大臣	
⑫ 自己負担額	⑬ 市町村長	⑭ 社会保障審議会	
⑮ 食事療養標準負担額	⑯ 生活療養標準負担額		
⑰ 地方厚生局長	⑱ 地方社会保険医療協議会		
⑲ 中央社会保険医療協議会	⑳ 都道府県知事		

解　答

A　⑪　厚生労働大臣　（法85条）
B　⑮　食事療養標準負担額　（法85条）
C　⑥　460円　（H29. 6.30厚労告239）
D　③　３食　（H29. 6.30厚労告239）
E　⑲　中央社会保険医療協議会　（法85条）

完成文

1　被保険者（特定長期入院被保険者を除く。）が、厚生労働省令で定めるところにより、療養の給付の実施機関である病院又は診療所のうち自己の選定するものから、電子資格確認等により、被保険者であることの確認を受け、法63条1項5号に掲げる療養の給付（病院又は診療所への入院及びその療養に伴う世話その他の看護）と併せて受けた食事療養に要した費用について、入院時食事療養費を支給するが、その額は、当該食事療養につき、食事療養に要する平均的な費用の額を勘案して厚生労働大臣の定める基準により算定した費用の額から、平均的な家計における食費の状況及び特定介護保険施設等における食事の提供に要する平均的な費用の額を勘案して厚生労働大臣が定める額（以下食事療養標準負担額という。）を控除した額とする。なお、食事療養標準負担額は、原則として1食あたり460円とされており、1日の食事療養標準負担額は、3食に相当する額を限度とする。

2　厚生労働大臣は、上記1の規定による基準を定めようとするときは中央社会保険医療協議会に諮問するものとする。

問題32　入院時生活療養費　難易度 B

Check欄 A□□□ B□□□ C□□□ D□□□ E□□□

1　特定長期入院被保険者が、厚生労働省令で定めるところにより、療養の給付の実施機関である病院又は診療所のうち自己の選定するものから、電子資格確認等により、被保険者であることの確認を受け、法63条１項５号に掲げる療養の給付（病院又は診療所への入院及びその療養に伴う世話その他の看護）と併せて受けた生活療養に要した費用について、入院時生活療養費を支給するが、その額は、当該生活療養につき、生活療養に要する平均的な費用の額を勘案して厚生労働大臣の定める基準により算定した費用の額から、平均的な家計における食費及び光熱水費の状況並びに病院及び診療所における生活療養に要する費用について介護保険法に規定する食費の基準費用額及び居住費の基準費用額に相当する費用の額を勘案して厚生労働大臣が定める額（以下［ A ］という。）を控除した額とする。なお、［ A ］は、原則として以下の額となっている。

ア　医療の必要性の低い者（下記イ、ウ及び低所得者を除く）…１日につき［ B ］円と１食につき［ C ］円（一定の保険医療機関に入院している者を除く）との合計額

イ　医療の必要性の高い者（下記ウ及び低所得者を除く）…１日につき［ B ］円と１食につき［ C ］円（一定の保険医療機関に入院している者を除く）との合計額

ウ　指定難病患者（低所得者を除く）…１日につき［ D ］円と１食につき［ E ］円との合計額

2　厚生労働大臣は、上記１の規定による基準を定めようとするときは中央社会保険医療協議会に諮問するものとする。

選択肢

① 50	② 80	③ 120	④ 200	⑤ 260
⑥ 270	⑦ 280	⑧ 300	⑨ 310	⑩ 320
⑪ 360	⑫ 370	⑬ 410	⑭ 450	⑮ 460

⑯ 一部負担金　⑰ 自己負担額　⑱ 食事療養標準負担額
⑲ 生活療養標準負担額　⑳ 零

解　答

A　⑲　生活療養標準負担額　（法85条の２）
B　⑫　370　（H29．６．30厚労告239）
C　⑮　460　（H29．６．30厚労告239）
D　⑳　零　（H29．６．30厚労告239）
E　⑤　260　（H29．６．30厚労告239）

完成文

1　特定長期入院被保険者が、厚生労働省令で定めるところにより、療養の給付の実施機関である病院又は診療所のうち自己の選定するものから、電子資格確認等により、被保険者であることの確認を受け、法63条１項５号に掲げる療養の給付（病院又は診療所への入院及びその療養に伴う世話その他の看護）と併せて受けた生活療養に要した費用について、入院時生活療養費を支給するが、その額は、当該生活療養につき、生活療養に要する平均的な費用の額を勘案して厚生労働大臣の定める基準により算定した費用の額から、平均的な家計における食費及び光熱水費の状況並びに病院及び診療所における生活療養に要する費用について介護保険法に規定する食費の基準費用額及び居住費の基準費用額に相当する費用の額を勘案して厚生労働大臣が定める額（以下生活療養標準負担額という。）を控除した額とする。なお、生活療養標準負担額は、原則として以下の額となっている。

ア　医療の必要性の低い者（下記イ、ウ及び低所得者を除く）…１日につき370円と１食につき460円（一定の保険医療機関に入院している者を除く）との合計額

イ　医療の必要性の高い者（下記ウ及び低所得者を除く）…１日につき370円と１食につき460円（一定の保険医療機関に入院している者を除く）との合計額

ウ　指定難病患者（低所得者を除く）…１日につき零円と１食につき260円との合計額

2　厚生労働大臣は、上記１の規定による基準を定めようとするときは中央社会保険医療協議会に諮問するものとする。

問題33　保険外併用療養費、療養費　難易度 B

Check欄 A□□□ B□□□ C□□□ D□□□ E□□□

1　被保険者が、厚生労働省令で定めるところにより、保険医療機関等のうち自己の選定するものから、電子資格確認等により、被保険者であることの確認を受け、［ A ］、患者申出療養又は［ B ］を受けたときは、その療養に要した費用について、保険外併用療養費を支給する。

2　［ A ］は、厚生労働大臣が定める先進医療などが該当し、［ B ］は、［ C ］床以上の病院の未紹介患者の初診、［ D ］を超える入院などが該当する。

3　患者申出療養の申出は、厚生労働大臣が定めるところにより、厚生労働大臣に対し、当該申出に係る療養を行う医療法第４条の３に規定する臨床研究中核病院(保険医療機関であるものに限る。)の開設者の意見書その他必要な書類を添えて行うものとする。

4　療養費の額は、以下のいずれかに該当した場合に、当該療養(食事療養及び生活療養を除く。)につき算定した費用の額から、その額に一部負担金の割合を乗じて得た額を控除した額及び当該食事療養又は生活療養につき算定した費用の額から食事療養標準負担額又は生活療養標準負担額を控除した［ E ］。

⑴　保険者が療養の給付、入院時食事療養費、入院時生活療養費若しくは保険外併用療養費の支給を行うことが困難であると認めるとき

⑵　被保険者が保険医療機関等以外の病院、診療所、薬局その他の者から診療、薬剤の支給若しくは手当を受けた場合において、保険者がやむを得ないものと認めるとき

選択肢

①　120　　②　200　　③　250　　④　300　　⑤　60日
⑥　90日　　⑦　150日　　⑧　180日　　⑨　額とする
⑩　額を基準として、医療機関が定める
⑪　額を基準として、保険者が定める　　⑫　額を基準とする
⑬　混合療養　　⑭　食事療養　　⑮　生活療養
⑯　選定療養　　⑰　特定療養　　⑱　特別療養
⑲　評価療養　　⑳　予約に基づく診察

解　答

A	⑲	評価療養	(法86条)
B	⑯	選定療養	(法86条)
C	②	200	(H18．9．12厚労告495)
D	⑧	180日	(H18．9．12厚労告495)
E	⑪	額を基準として、保険者が定める	(法87条)

完成文

1　被保険者が、厚生労働省令で定めるところにより、保険医療機関等のうち**自己の選定**するものから、**電子資格確認**等により、被保険者であることの確認を受け、評価療養、患者申出療養又は選定療養を受けたときは、その療養に要した費用について、**保険外併用療養費**を支給する。

2　評価療養は、厚生労働大臣が定める**先進医療**などが該当し、選定療養は、200床以上の病院の未紹介患者の初診、180日を超える入院などが該当する。

3　患者申出療養の申出は、厚生労働大臣が定めるところにより、厚生労働大臣に対し、当該申出に係る療養を行う医療法第4条の3に規定する**臨床研究中核病院**(保険医療機関であるものに限る。)の**開設者の意見書**その他必要な書類を添えて行うものとする。

4　療養費の額は、以下のいずれかに該当した場合に、当該療養(**食事療養**及び**生活療養**を除く。)につき算定した費用の額から、その額に一部負担金の割合を乗じて得た額を控除した額及び当該**食事療養**又は**生活療養**につき算定した費用の額から**食事療養**標準負担額又は**生活療養**標準負担額を控除した額を基準として、**保険者**が定める。

(1)　保険者が療養の給付、入院時食事療養費、入院時生活療養費若しくは保険外併用療養費の支給を行うことが困難であると認めるとき

(2)　被保険者が保険医療機関等以外の病院、診療所、薬局その他の者から診療、薬剤の支給若しくは手当を受けた場合において、保険者がやむを得ないものと認めるとき

問題34　訪問看護療養費、移送費　難易度 A

Check欄 A□□□ B□□□ C□□□ D□□□ E□□□

1　被保険者が、厚生労働大臣が指定する者(以下「指定訪問看護事業者」という。)から当該指定に係る訪問看護事業(疾病又は負傷により、居宅において継続して療養を受ける状態にある者(A がその治療の必要の程度につき厚生労働省令で定める基準に適合していると認めたものに限る。)に対し、その者の居宅において B その他厚生労働省令で定める者が行う療養上の世話又は必要な診療の補助(保険医療機関等又は介護保険法に規定する介護老人保健施設若しくは介護医療院によるものを除く。以下「訪問看護」という。)を行う事業をいう。)を行う事業所により行われる訪問看護(以下「指定訪問看護」という。)を受けたときは、その指定訪問看護に要した費用について、訪問看護療養費を支給する。

2　上記の訪問看護療養費は、厚生労働省令で定めるところにより、保険者が必要と認める場合に限り、支給するものとする。

3　指定訪問看護を受けようとする者は、厚生労働省令で定めるところにより、 C の選定する指定訪問看護事業者から、電子資格確認等により、被保険者であることの確認を受け、当該指定訪問看護を受けるものとする。

4　被保険者が D (E に係る療養を含む。)を受けるため、病院又は診療所に移送されたときは、移送費として、厚生労働省令で定めるところにより算定した金額が支給される。

選択肢

① 医師　② 移送費　③ 介護士　④ 介護支援専門員
⑤ 介護福祉士　⑥ 家族療養費　⑦ 看護師
⑧ 高額療養費　⑨ 厚生労働大臣　⑩ 自己
⑪ 社会福祉士　⑫ 主治の医師　⑬ 通院費
⑭ 訪問看護療養費　⑮ 保険医　⑯ 保険外併用療養費
⑰ 保険給付　⑱ 保険者　⑲ 保険薬剤師
⑳ 療養の給付

解　答

A　⑫　主治の医師　（法88条）
B　⑦　看護師　（法88条）
C　⑩　自己　（法88条）
D　⑳　療養の給付　（法97条）
E　⑯　保険外併用療養費　（法97条）

完成文

1　被保険者が、厚生労働大臣が指定する者(以下「**指定訪問看護事業者**」という。)から当該指定に係る訪問看護事業(疾病又は負傷により、**居宅**において継続して療養を受ける状態にある者(主治の医師がその治療の必要の程度につき厚生労働省令で定める基準に適合していると認めたものに限る。)に対し、その者の**居宅**において看護師その他厚生労働省令で定める者が行う**療養上の世話**又は必要な**診療の補助**(**保険医療機関**等又は介護保険法に規定する**介護老人保健施設**若しくは**介護医療院**によるものを除く。以下「訪問看護」という。)を行う事業をいう。)を行う事業所により行われる訪問看護(以下「指定訪問看護」という。)を受けたときは、その指定訪問看護に要した費用について、**訪問看護療養費**を支給する。

2　上記の訪問看護療養費は、厚生労働省令で定めるところにより、保険者が必要と認める場合に限り、支給するものとする。

3　指定訪問看護を受けようとする者は、厚生労働省令で定めるところにより、自己の選定する**指定訪問看護事業者**から、**電子資格確認**等により、被保険者であることの確認を受け、当該指定訪問看護を受けるものとする。

4　被保険者が療養の給付(保険外併用療養費に係る療養を含む。)を受けるため、病院又は診療所に移送されたときは、**移送費**として、厚生労働省令で定めるところにより算定した金額が支給される。

問題35　傷病手当金　難易度 B

Check欄 A□□□ B□□□ C□□□ D□□□ E□□□

1　被保険者(任意継続被保険者を除く。)が療養のため労務に服することができないときは、その労務に服することができなくなった日から起算して［ A ］を経過した日から労務に服することができない期間、傷病手当金を支給する。

2　傷病手当金の額は、1日につき、傷病手当金の支給を始める日の属する月以前の直近の継続した12か月間の各月の標準報酬月額(被保険者が現に属する保険者等により定められたものに限る。以下本問において同じ。)を平均した額の［ B ］に相当する額(その額に、5円未満の端数があるときは、これを切り捨て、5円以上10円未満の端数があるときは、これを10円に切り上げるものとする。)の［ C ］に相当する金額(その金額に、50銭未満の端数があるときは、これを切り捨て、50銭以上1円未満の端数があるときは、これを1円に切り上げるものとする。)とする。ただし、同日の属する月以前の直近の継続した期間において標準報酬月額が定められている月が12か月に満たない場合にあっては、次のア・イに掲げる額のうちいずれか少ない額の［ C ］に相当する金額(その金額に、50銭未満の端数があるときは、これを切り捨て、50銭以上1円未満の端数があるときは、これを1円に切り上げるものとする。)とする。

ア　傷病手当金の支給を始める日の属する月以前の直近の継続した各月の標準報酬月額を平均した額の［ B ］に相当する額(その額に、5円未満の端数があるときは、これを切り捨て、5円以上10円未満の端数があるときは、これを10円に切り上げるものとする。)

イ　傷病手当金の支給を始める日の属する年度の前年度の［ D ］における全被保険者の同月の標準報酬月額を平均した額を標準報酬月額の基礎となる報酬月額とみなしたときの標準報酬月額の［ B ］に相当す

る額(その額に、５円未満の端数があるときは、これを切り捨て、５円以上10円未満の端数があるときは、これを10円に切り上げるものとする。)

3　傷病手当金の支給期間は、同一の疾病又は負傷及びこれにより発した疾病に関しては、その支給を始めた日から通算して［　Ｅ　］とする。

選択肢

①　１年６か月間	②　１年間	③　３日	④　３年間
⑤　３分の１	⑥　３分の２	⑦　４月１日	⑧　５日
⑨　６か月間	⑩　７日	⑪　９月１日	⑫　９月30日
⑬　10月30日	⑭　14日	⑮　30分の１	⑯　45分の１
⑰　50分の１	⑱　100分の20	⑲　100分の40	
⑳　100分の60			

解　答

A　③　3日　（法99条）
B　⑮　30分の1　（法99条）
C　⑥　3分の2　（法99条）
D　⑫　9月30日　（法99条）
E　①　1年6か月間　（法99条）

完成文

1　被保険者（任意継続被保険者を除く。）が療養のため労務に服することができないときは、その労務に服することができなくなった日から起算して3日を経過した日から労務に服することができない期間、傷病手当金を支給する。

2　傷病手当金の額は、1日につき、傷病手当金の支給を始める日の属する月以前の直近の継続した12か月間の各月の標準報酬月額（被保険者が現に属する保険者等により定められたものに限る。以下本問において同じ。）を平均した額の30分の1に相当する額（その額に、5円未満の端数があるときは、これを切り捨て、5円以上10円未満の端数があるときは、これを10円に切り上げるものとする。）の3分の2に相当する金額（その金額に、50銭未満の端数があるときは、これを切り捨て、50銭以上1円未満の端数があるときは、これを1円に切り上げるものとする。）とする。ただし、同日の属する月以前の直近の継続した期間において標準報酬月額が定められている月が12か月に満たない場合にあっては、次のア・イに掲げる額のうちいずれか少ない額の3分の2に相当する金額（その金額に、50銭未満の端数があるときは、これを切り捨て、50銭以上1円未満の端数があるときは、これを1円に切り上げるものとする。）とする。

ア　傷病手当金の支給を始める日の属する月以前の直近の継続した各月の標準報酬月額を平均した額の30分の1に相当する額（その額に、5円未満の端数があるときは、これを切り捨て、5円以上10円未満の端数があるときは、これを10円に切り上げるものとする。）

イ　傷病手当金の支給を始める日の属する年度の前年度の９月30日における**全被保険者**の同月の標準報酬月額を平均した額を標準報酬月額の基礎となる報酬月額とみなしたときの標準報酬月額の30分の１に相当する額（その額に、５円未満の端数があるときは、これを切り捨て、５円以上10円未満の端数があるときは、これを10円に切り上げるものとする。）

3　傷病手当金の支給期間は、同一の疾病又は負傷及びこれにより発した疾病に関しては、**その支給を始めた日から通算**して１年６か月間とする。

問題36　出産育児一時金　難易度 B

Check欄 A□□□ B□□□ C□□□ D□□□ E□□□

1　出産育児一時金の金額は、病院、診療所、助産所その他の者であって、次に掲げる要件のいずれにも該当するものによる医学的管理の下における出産であると保険者が認めるときは、［ A ］に、アに規定する保険契約に関し被保険者が追加的に必要となる費用の額を基準として、３万円を超えない範囲内で保険者が定める金額（［ B ］）を加算した金額とする。

ア　当該病院、診療所、助産所その他の者による医学的管理の下における出産について、特定出産事故（出産（出生した時点における在胎週数が［ C ］以上であること）に係る事故（天災、事変その他の非常事態又は出産した者の故意又は重大な過失により発生したものを除く。）のうち、出生した者が当該事故により脳性麻痺にかかり、厚生労働省令で定める程度の障害の状態（身体障害者福祉法施行規則別表第５号の１級又は２級に該当するものとする。）となったものをいう。）が発生した場合において、当該出生した者の養育に係る経済的負担の軽減を図るための［ D ］の支払に要する費用の支出に備えるための保険契約であって厚生労働省令で定める要件に該当するものが締結されていること。

イ　出産に係る医療の安全を確保し、当該医療の質の向上を図るため、厚生労働省令で定めるところにより、特定出産事故に関する情報の収集、整理、分析及び提供の適正かつ確実な実施のための措置を講じていること。

2　双生児を出産した場合の出産育児一時金の支給額は、［ E ］円となる。なお、当該出産は制度対象分娩であるものとする。

選択肢

① 600,000	② 800,000	③ 808,000	④ 1,000,000
⑤ １万２千円	⑥ １万６千円	⑦ １万円	⑧ ８週
⑨ ８千円	⑩ 28週	⑪ 30万円	⑫ 32週
⑬ 40週	⑭ 40万４千円	⑮ 48万８千円	⑯ 40万円
⑰ 付加給付	⑱ 保険給付	⑲ 補償金	⑳ 保証金

解　答

A　⑮　48万８千円　（令36条）
B　⑤　１万２千円　（Ｒ３．８．４保発0804第７号）
C　⑩　28週　（則86条の２）
D　⑲　補償金　（令36条）
E　④　1,000,000　（令36条）

完成文

1　出産育児一時金の金額は、病院、診療所、助産所その他の者であって、次に掲げる要件のいずれにも該当するものによる医学的管理の下における出産であると保険者が認めるときは、48万8千円に、アに規定する保険契約に関し被保険者が追加的に必要となる費用の額を基準として、3万円を超えない範囲内で保険者が定める金額（1万2千円）を加算した金額とする。

ア　当該病院、診療所、助産所その他の者による医学的管理の下における出産について、特定出産事故（出産（出生した時点における在胎週数が28週以上であること）に係る事故（天災、事変その他の非常事態又は出産した者の故意又は重大な過失により発生したものを除く。）のうち、出生した者が当該事故により脳性麻痺にかかり、厚生労働省令で定める程度の障害の状態（身体障害者福祉法施行規則別表第5号の1級又は2級に該当するものとする。）となったものをいう。）が発生した場合において、当該出生した者の養育に係る経済的負担の軽減を図るための補償金の支払に要する費用の支出に備えるための保険契約であって厚生労働省令で定める要件に該当するものが締結されていること。

イ　出産に係る医療の安全を確保し、当該医療の質の向上を図るため、厚生労働省令で定めるところにより、特定出産事故に関する情報の収集、整理、分析及び提供の適正かつ確実な実施のための措置を講じていること。

2　双生児を出産した場合の出産育児一時金の支給額は、1,000,000円となる。なお、当該出産は制度対象分娩であるものとする。

問題37　出産手当金　難易度 B

Check欄 A□□□ B□□□ C□□□ D□□□ E□□□

1　被保険者（任意継続被保険者を除く。）が出産したときは、出産の日（出産の日が出産の予定日後であるときは、出産の予定日）以前［ A ］日（多胎妊娠の場合は［ B ］日）から出産の日後［ C ］日までの間において労務に服さなかった期間、出産手当金を支給する。出産手当金の額は、1日につき、出産手当金の支給を始める日の属する月以前の直近の継続した12か月間の各月の標準報酬月額（被保険者が現に属する保険者等により定められたものに限る。以下本問において同じ。）を平均した額の30分の1に相当する額（その額に、5円未満の端数があるときは、これを切り捨て、5円以上10円未満の端数があるときは、これを10円に切り上げるものとする。）の［ D ］に相当する金額（その金額に、50銭未満の端数があるときは、これを切り捨て、50銭以上1円未満の端数があるときは、これを1円に切り上げるものとする。）とする。ただし、同日の属する月以前の直近の継続した期間において標準報酬月額が定められている月が12か月に満たない場合にあっては、次のア・イに掲げる額のうちいずれか少ない額の［ D ］に相当する金額（その金額に、50銭未満の端数があるときは、これを切り捨て、50銭以上1円未満の端数があるときは、これを1円に切り上げるものとする。）とする。

ア　出産手当金の支給を始める日の属する月以前の直近の継続した各月の標準報酬月額を平均した額の30分の1に相当する額（その額に、5円未満の端数があるときは、これを切り捨て、5円以上10円未満の端数があるときは、これを10円に切り上げるものとする。）

イ　出産手当金の支給を始める日の属する年度の前年度の9月30日における全被保険者の同月の標準報酬月額を平均した額を標準報酬月額の基礎となる報酬月額とみなしたときの標準報酬月額の30分の1に相当する額

（その額に、５円未満の端数があるときは、これを切り捨て、５円以上10円未満の端数があるときは、これを10円に切り上げるものとする。）

2　出産手当金を支給する場合（一定の場合に該当するときを除く。）においては、その期間、［ E ］は、支給しない。ただし、その受けることができる出産手当金の額（一定の場合においては、一定の額）が、［ E ］の額より少ないときは、その差額を支給する。

3　出産手当金を支給すべき場合において［ E ］が支払われたときは、その支払われた［ E ］（上記２ただし書の規定により支払われたものを除く。）は、出産手当金の内払とみなす。

選択肢

① 35	② 40	③ 42	④ 49	⑤ 56
⑥ 63	⑦ 70	⑧ 77	⑨ 84	⑩ 91
⑪ 98	⑫ 105	⑬ ３分の１	⑭ ３分の２	
⑮ 100分の50	⑯ 100分の60	⑰ 医療に関する給付		
⑱ 基本手当	⑲ 傷病手当金	⑳ 療養の給付		

解　答

A　③　42　　　　(法102条)
B　⑪　98　　　　(法102条)
C　⑤　56　　　　(法102条)
D　⑭　3分の2　　(法102条)
E　⑲　傷病手当金　(法103条)

完成文

1　被保険者(任意継続被保険者を除く。)が出産したときは、出産の日(出産の日が出産の予定日後であるときは、出産の予定日)以前42日(多胎妊娠の場合は98日)から出産の日後56日までの間において労務に服さなかった期間、出産手当金を支給する。出産手当金の額は、1日につき、出産手当金の支給を始める日の属する月以前の直近の継続した12か月間の各月の標準報酬月額(被保険者が現に属する保険者等により定められたものに限る。以下本問において同じ。)を平均した額の30分の1に相当する額(その額に、5円未満の端数があるときは、これを切り捨て、5円以上10円未満の端数があるときは、これを10円に切り上げるものとする。)の3分の2に相当する金額(その金額に、50銭未満の端数があるときは、これを切り捨て、50銭以上1円未満の端数があるときは、これを1円に切り上げるものとする。)とする。ただし、同日の属する月以前の直近の継続した期間において標準報酬月額が定められている月が12か月に満たない場合にあっては、次のア・イに掲げる額のうちいずれか少ない額の3分の2に相当する金額(その金額に、50銭未満の端数があるときは、これを切り捨て、50銭以上1円未満の端数があるときは、これを1円に切り上げるものとする。)とする。

ア　出産手当金の支給を始める日の属する月以前の直近の継続した各月の標準報酬月額を平均した額の30分の1に相当する額(その額に、5円未満の端数があるときは、これを切り捨て、5円以上10円未満の端数があるときは、これを10円に切り上げるものとする。)

イ　出産手当金の支給を始める日の属する年度の前年度の9月30日における全被保険者の同月の標準報酬月額を平均した額を標準報酬月額の基礎となる報酬月額とみなしたときの標準報酬月額の30分の１に相当する額(その額に、５円未満の端数があるときは、これを切り捨て、５円以上10円未満の端数があるときは、これを10円に切り上げるものとする。)

2　出産手当金を支給する場合(一定の場合に該当するときを除く。)においては、その期間、傷病手当金は、支給しない。ただし、その受けることができる出産手当金の額(一定の場合においては、一定の額)が、傷病手当金の額より少ないときは、その差額を支給する。

3　出産手当金を支給すべき場合において傷病手当金が支払われたときは、その支払われた傷病手当金(上記２ただし書の規定により支払われたものを除く。)は、出産手当金の内払とみなす。

問題38　埋葬料　難易度 C

Check欄 A□□□ B□□□ C□□□ D□□□ E□□□

1　被保険者が死亡したときは、［　A　］者であって、［　B　］に対し、［　C　］として、［　D　］を支給する。

2　上記1の［　C　］の支給を受けるべき者がない場合においては、［　E　］に対し、上記1の金額の範囲内において、その埋葬に要した費用に相当する金額を支給する。

選択肢

①　3親等内の親族　②　5万円　③　10万円
④　30万円　⑤　親族　⑥　葬祭給付　⑦　葬祭料
⑧　その者と生計を同じくしていた
⑨　その者により主として生計を維持していた
⑩　その者により生計を維持していた
⑪　その者の被扶養者である
⑫　直系尊属、配偶者、子、孫又は兄弟姉妹であるもの
⑬　直系尊属、配偶者、子、孫又は弟妹であるもの
⑭　配偶者　⑮　配偶者又は子　⑯　標準報酬月額相当額
⑰　埋葬給付　⑱　埋葬料　⑲　埋葬を行うもの
⑳　埋葬を行った者

解　答

A　⑩　その者により生計を維持していた　（法100条）
B　⑲　埋葬を行うもの　（法100条）
C　⑱　埋葬料　（法100条）
D　②　５万円　（令35条）
E　⑳　埋葬を行った者　（法100条）

完成文

1　被保険者が死亡したときは、その者により生計を維持していた者であって、埋葬を行うものに対し、埋葬料として、５万円を支給する。

2　上記１の埋葬料の支給を受けるべき者がない場合においては、埋葬を行った者に対し、上記１の金額の範囲内において、その埋葬に要した費用に相当する金額を支給する。

問題39 家族療養費 難易度 C

Check欄 A□□□ B□□□ C□□□ D□□□ E□□□

家族療養費の額は、以下の(1)に掲げる額(当該療養に食事療養が含まれるときは当該額及び(2)に掲げる額の合算額、当該療養に生活療養が含まれるときは当該額及び(3)に掲げる額の合算額)とする。

(1) 当該療養(食事療養及び生活療養を除く。)につき算定した費用の額に次のアからエまでに掲げる区分に応じ、当該アからエに定める割合を乗じて得た額

ア 被扶養者が [A] に達する日以後の最初の3月31日の翌日以後であって [B] に達する日の属する月以前である場合… [C]

イ 被扶養者が [A] に達する日以後の最初の3月31日以前である場合… [D]

ウ 被扶養者(エの被扶養者を除く。)が、 [B] に達する日の属する月の翌月以後である場合… [D]

エ [B] に達する日の属する月の翌月以後の被保険者であって、標準報酬月額が [E] 円以上であるものの被扶養者が [B] に達する日の属する月の翌月以後である場合… [C]

(2) 当該食事療養につき算定した費用の額から食事療養標準負担額を控除した額

(3) 当該生活療養につき算定した費用の額から生活療養標準負担額を控除した額

選択肢

①　１歳	②　３歳	③　５歳	④　６歳	⑤　20万
⑥　26万	⑦　28万	⑧　53万	⑨　60歳	⑩　65歳
⑪　70歳	⑫　75歳	⑬　100分の60	⑭　100分の65	
⑮　100分の70	⑯　100分の75	⑰　100分の80		
⑱　100分の85	⑲　100分の90	⑳　100分の95		

解　答

A　④　６歳　（法110条）
B　⑪　70歳　（法110条）
C　⑮　100分の70　（法110条）
D　⑰　100分の80　（法110条）
E　⑦　28万　（令34条）

完成文

家族療養費の額は、以下の(1)に掲げる額(当該療養に食事療養が含まれるときは当該額及び(2)に掲げる額の合算額、当該療養に生活療養が含まれるときは当該額及び(3)に掲げる額の合算額)とする。

(1)　当該療養(食事療養及び生活療養を除く。)につき算定した費用の額に次のアからエまでに掲げる区分に応じ、当該アからエに定める割合を乗じて得た額

ア　被扶養者が6歳に達する日以後の最初の3月31日の翌日以後であって70歳に達する日の属する月以前である場合…100分の70

イ　被扶養者が6歳に達する日以後の最初の3月31日以前である場合…100分の80

ウ　被扶養者(エの被扶養者を除く。)が、70歳に達する日の属する月の翌月以後である場合…100分の80

エ　70歳に達する日の属する月の翌月以後の被保険者であって、標準報酬月額が28万円以上であるものの被扶養者が70歳に達する日の属する月の翌月以後である場合…100分の70

(2)　当該食事療養につき算定した費用の額から食事療養標準負担額を控除した額

(3)　当該生活療養につき算定した費用の額から生活療養標準負担額を控除した額

問題40　家族給付　難易度 C

Check欄 A□□□ B□□□ C□□□ D□□□ E□□□

1　被保険者の被扶養者が指定訪問看護事業者から指定訪問看護を受けたときは、[A]、その指定訪問看護に要した費用について、[B]を支給する。

2　被保険者の被扶養者が死亡したときは、家族埋葬料として、[A]、政令で定める額([C])を支給する。

3　被保険者の[D]したときは、[E]として、[A]、政令で定める額(一児につき488,000円。一定の場合、3万円を超えない範囲内で保険者が定める金額を加算)を支給する。

選択肢

① 3親等内の親族が出産　② 5万円　③ 10万円
④ 30万円　⑤ 35万円　⑥ 育児手当金
⑦ 家族が出産　⑧ 家族出産育児一時金
⑨ 家族訪問介護費　⑩ 家族訪問介護療養費
⑪ 家族訪問看護療養費　⑫ 家族療養費
⑬ 出産育児一時金　⑭ 親族に対し　⑮ 直系尊属に対し
⑯ 配偶者出産育児一時金　⑰ 配偶者に対し
⑱ 被扶養者が出産　⑲ 被扶養者である配偶者が出産
⑳ 被保険者に対し

解答

A　⑳　被保険者に対し　（法111条、113条、114条）
B　⑪　家族訪問看護療養費　（法111条）
C　②　5万円　（令35条）
D　⑱　被扶養者が出産　（法114条）
E　⑧　家族出産育児一時金　（法114条）

完成文

1　被保険者の被扶養者が指定訪問看護事業者から指定訪問看護を受けたときは、被保険者に対し、その指定訪問看護に要した費用について、家族訪問看護療養費を支給する。

2　被保険者の被扶養者が死亡したときは、家族埋葬料として、被保険者に対し、政令で定める額(5万円)を支給する。

3　被保険者の被扶養者が出産したときは、家族出産育児一時金として、被保険者に対し、政令で定める額(一児につき488,000円。一定の場合、3万円を超えない範囲内で保険者が定める金額を加算)を支給する。

問題41　70歳未満の高額療養費　難易度 B

Check欄 A□□□ B□□□ C□□□ D□□□ E□□□

1　一部負担金等世帯合算額を計算するに当たって、70歳に達する日の属する月以前の療養に係る一部負担金及び自己負担額等は、［　A　］円以上のものにつき合算することとされている。

2　高額療養費算定基準額は、次の⑴から⑸に掲げる者の区分に応じ、それぞれに定める額とする。

⑴　下記の⑵から⑸以外の者…［　B　］円と療養に要した費用の額から267,000円を控除した額に100分の１を乗じて得た額との合算額。ただし、高額療養費多数回該当の場合にあっては、44,400円。

⑵　療養のあった月の標準報酬月額が［　C　］万円以上の被保険者又はその被扶養者…［　D　］円と療養に要した費用の額から842,000円を控除した額に100分の１を乗じて得た額との合算額。ただし、高額療養費多数回該当の場合にあっては、140,100円。

⑶　療養のあった月の標準報酬月額が53万円以上［　C　］万円未満の被保険者又はその被扶養者…167,400円と療養に要した費用の額から558,000円を控除した額に100分の１を乗じて得た額との合算額。ただし、高額療養費多数回該当の場合にあっては、［　E　］円。

⑷　療養のあった月の標準報酬月額が28万円未満の被保険者又はその被扶養者(⑸に掲げる者を除く。)…57,600円。ただし、高額療養費多数回該当の場合にあっては、44,400円。

⑸　市町村民税非課税者(療養のあった月の属する年度分の市町村民税が課されない者(市町村民税を免除された者を含む。))である者又は療養のあった月において要保護者(生活保護法に規定する要保護者をいう。)である者であって、一定のもの…35,400円。ただし、高額療養費多数回該当の場合にあっては、24,600円。

選択肢

① 65	② 72	③ 83	④ 94
⑤ 10,000	⑥ 12,000	⑦ 21,000	⑧ 30,000
⑨ 34,400	⑩ 48,000	⑪ 56,000	⑫ 77,700
⑬ 80,100	⑭ 93,000	⑮ 101,000	⑯ 139,800
⑰ 252,600	⑱ 361,500	⑲ 363,000	⑳ 466,000

解　答

A　⑦　21,000　（令41条）
B　⑬　80,100　（令42条）
C　③　83　（令42条）
D　⑰　252,600　（令42条）
E　⑭　93,000　（令42条）

完成文

1　一部負担金等世帯合算額を計算するに当たって、70歳に達する日の属する月以前の療養に係る一部負担金及び自己負担額等は、21,000円以上のものにつき合算することとされている。

2　高額療養費算定基準額は、次の(1)から(5)に掲げる者の区分に応じ、それぞれに定める額とする。

(1)　下記の(2)から(5)以外の者…80,100円と療養に要した費用の額から267,000円を控除した額に100分の1を乗じて得た額との合算額。ただし、高額療養費多数回該当の場合にあっては、44,400円。

(2)　療養のあった月の標準報酬月額が83万円以上の被保険者又はその被扶養者…252,600円と療養に要した費用の額から842,000円を控除した額に100分の1を乗じて得た額との合算額。ただし、高額療養費多数回該当の場合にあっては、140,100円。

(3)　療養のあった月の標準報酬月額が53万円以上83万円未満の被保険者又はその被扶養者…167,400円と療養に要した費用の額から558,000円を控除した額に100分の1を乗じて得た額との合算額。ただし、高額療養費多数回該当の場合にあっては、93,000円。

(4)　療養のあった月の標準報酬月額が28万円未満の被保険者又はその被扶養者((5)に掲げる者を除く。)…57,600円。ただし、高額療養費多数回該当の場合にあっては、44,400円。

(5)　市町村民税非課税者(療養のあった月の属する年度分の市町村民税が課されない者(市町村民税を免除された者を含む。))である者又は療養のあった月において要保護者(生活保護法に規定する要保護者をいう。)である者であって、一定のもの…35,400円。ただし、高額療養費多数回該当の場合にあっては、24,600円。

問題42　70歳以上の月間の高額療養費　難易度 B

Check欄 A□□□ B□□□ C□□□ D□□□ E□□□

1　外来特例に係る高額療養費算定基準額は、以下の通りである。

⑴　下記２の⑴の者…［ A ］円。

⑵　下記２の⑸又は⑹の者…8,000円。

2　70歳以上の高額療養費に係る高額療養費算定基準額は、以下の通りである。

⑴　下記⑵～⑹以外の者…［ B ］円。ただし、高額療養費多数回該当の場合にあっては、［ C ］円。

⑵　一部負担金の負担割合が30％となる現役並み所得者であって療養のあった月の標準報酬月額が83万円以上の被保険者又はその被扶養者…252,600円と療養に要した費用の額から842,000円を控除した額に100分の１を乗じて得た額との合算額。ただし、高額療養費多数回該当の場合にあっては、［ D ］円。

⑶　一部負担金の負担割合が30％となる現役並み所得者であって療養のあった月の標準報酬月額が53万円以上83万円未満の被保険者又はその被扶養者…167,400円と療養に要した費用の額から558,000円を控除した額に100分の１を乗じて得た額との合算額。ただし、高額療養費多数回該当の場合にあっては、93,000円。

⑷　一部負担金の負担割合が30％となる現役並み所得者であって療養のあった月の標準報酬月額が53万円未満の被保険者又はその被扶養者…80,100円と療養に要した費用の額から267,000円を控除した額に100分の１を乗じて得た額との合算額。ただし、高額療養費多数回該当の場合にあっては、［ C ］円。

⑸　市町村民税非課税者（療養のあった月の属する年度分の市町村民税が課されない者（市町村民税を免除された者を含む。））である者又は療養の

あった月において要保護者(生活保護法に規定する要保護者をいう。)である者であって、一定のもの…24,600円

(6)　その年度分の総所得金額等がない者等…［　E　］円

3　外来療養に係る70歳以上の年間の高額療養費算定基準額は144,000円である。

選択肢

①　12,000	②　13,000	③　14,000	④　15,000
⑤　16,000	⑥　17,000	⑦　18,000	⑧　19,000
⑨　42,100	⑩　44,400	⑪　48,200	⑫　49,600
⑬　57,600	⑭　62,000	⑮　62,100	⑯　77,700
⑰　134,800	⑱　139,200	⑲　140,000	⑳　140,100

解　答

A　⑦　18,000　（令42条）
B　⑬　57,600　（令42条）
C　⑩　44,400　（令42条）
D　⑳　140,100　（令42条）
E　④　15,000　（令42条）

完成文

1　外来特例に係る高額療養費算定基準額は、以下の通りである。

(1)　下記２の(1)の者…18,000円。

(2)　下記２の(5)又は(6)の者…8,000円。

2　70歳以上の高額療養費に係る高額療養費算定基準額は、以下の通りである。

(1)　下記(2)〜(6)以外の者…57,600円。ただし、高額療養費多数回該当の場合にあっては、44,400円。

(2)　一部負担金の負担割合が30％となる現役並み所得者であって療養のあった月の標準報酬月額が83万円以上の被保険者又はその被扶養者…252,600円と療養に要した費用の額から842,000円を控除した額に100分の１を乗じて得た額との合算額。ただし、高額療養費多数回該当の場合にあっては、140,100円。

(3)　一部負担金の負担割合が30％となる現役並み所得者であって療養のあった月の標準報酬月額が53万円以上83万円未満の被保険者又はその被扶養者…167,400円と療養に要した費用の額から558,000円を控除した額に100分の１を乗じて得た額との合算額。ただし、高額療養費多数回該当の場合にあっては、93,000円。

(4)　一部負担金の負担割合が30％となる現役並み所得者であって療養のあった月の標準報酬月額が53万円未満の被保険者又はその被扶養者…80,100円と療養に要した費用の額から267,000円を控除した額に100分の

1を乗じて得た額との合算額。ただし、高額療養費多数回該当の場合にあっては、44,400円。

(5)　市町村民税非課税者（療養のあった月の属する年度分の市町村民税が課されない者（市町村民税を免除された者を含む。））である者又は療養のあった月において要保護者（生活保護法に規定する要保護者をいう。）である者であって、一定のもの…24,600円

(6)　その年度分の総所得金額等がない者等…15,000円

3　外来療養に係る70歳以上の年間の高額療養費算定基準額は144,000円である。

問題43　高額介護合算療養費　難易度 A

Check欄 A□□□ B□□□ C□□□ D□□□ E□□□

1　高額介護合算療養費は、介護合算一部負担金等世帯合算額が介護合算算定基準額に支給基準額を加えた額を超える場合に支給される。この支給基準額とは、高額介護合算療養費の支給の事務の執行に要する費用を勘案して厚生労働大臣が定める額のことであり、その額は［ A ］円である。

2　介護合算算定基準額は、高額療養費制度の算定基準額に係る所得等の区分ごとに以下の通り定められている。

70歳未満の介護合算算定基準額		70歳以上の介護合算算定基準額	
①　標準報酬月額［ B ］万円以上	［ C ］万円	①　現役並み所得（標準報酬月額［ B ］万円以上）	［ C ］万円
②　標準報酬月額53万円以上［ B ］万円未満	141万円	②　現役並み所得（標準報酬月額53万円以上［ B ］万円未満）	141万円
③　標準報酬月額28万円以上53万円未満	［ D ］万円	③　現役並み所得（標準報酬月額28万円以上53万円未満）（※）	［ D ］万円
④　標準報酬月額28万円未満	60万円	④　標準報酬月額28万円未満	［ E ］万円
⑤　低所得者	34万円	⑤　低所得者Ⅱ	31万円
		⑥　低所得者Ⅰ	19万円

（※）　標準報酬月額が28万円以上の者であっても、被保険者及びその被扶養者の収入の額が520万円（当該被扶養者がいない者にあっては、383万円）未満等の場合は70歳以上の介護合算算定基準額④の区分になる。

選択肢

① 50	② 52	③ 54	④ 56	⑤ 60
⑥ 61	⑦ 62	⑧ 63	⑨ 65	⑩ 67
⑪ 75	⑫ 83	⑬ 130	⑭ 200	⑮ 212
⑯ 224	⑰ 237	⑱ 300	⑲ 500	⑳ 1,000

解　答

A　⑲　500　（H20．３．31厚労告225）
B　⑫　83　（令43条の３）
C　⑮　212　（令43条の３）
D　⑩　67　（令43条の３）
E　④　56　（令43条の３）

完成文

1　高額介護合算療養費は、**介護合算一部負担金等世帯合算額**が**介護合算算定基準額**に**支給基準額**を加えた額を超える場合に支給される。この**支給基準額**とは、高額介護合算療養費の支給の事務の執行に要する費用を勘案して厚生労働大臣が定める額のことであり、その額は500円である。

2　**介護合算算定基準額**は、高額療養費制度の算定基準額に係る所得等の区分ごとに以下の通り定められている。

<table>
<tr><th colspan="2">70歳未満の介護合算算定基準額</th><th colspan="2">70歳以上の介護合算算定基準額</th></tr>
<tr><td>①　標準報酬月額
83万円以上</td><td>212万円</td><td>①　現役並み所得
（標準報酬月額
83万円以上）</td><td>212万円</td></tr>
<tr><td>②　標準報酬月額
53万円以上
83万円未満</td><td>141万円</td><td>②　現役並み所得
（標準報酬月額
53万円以上
83万円未満）</td><td>141万円</td></tr>
<tr><td>③　標準報酬月額
28万円以上
53万円未満</td><td>67万円</td><td>③　現役並み所得
（標準報酬月額
28万円以上
53万円未満）（※）</td><td>67万円</td></tr>
<tr><td>④　標準報酬月額
28万円未満</td><td>60万円</td><td>④　標準報酬月額
28万円未満</td><td>56万円</td></tr>
<tr><td rowspan="2">⑤　低所得者</td><td rowspan="2">34万円</td><td>⑤　低所得者Ⅱ</td><td>31万円</td></tr>
<tr><td>⑥　低所得者Ⅰ</td><td>19万円</td></tr>
</table>

（※）　標準報酬月額が28万円以上の者であっても、被保険者及びその被扶養者の収入の額が520万円（当該被扶養者がいない者にあっては、383万円）未満等の場合は70歳以上の介護合算算定基準額④の区分になる。

問題44　資格喪失後の給付　難易度 C

Check欄 A□□□ B□□□ C□□□ D□□□ E□□□

1　被保険者の資格を喪失した日の前日までに引き続き［ A ］以上被保険者であった者(以下「［ A ］以上被保険者であった者」という。)であって、その資格を喪失した際に［ B ］の支給を受けている者は、被保険者として受けることができるはずであった期間、継続して同一の保険者からその給付を受けることができる。

2　上記1の［ B ］の支給を受ける者が死亡したとき、又はその者が［ B ］を受けなくなった日後［ C ］以内に死亡したとき、又はその他の被保険者であった者が被保険者の資格を喪失した日後［ C ］以内に死亡したときは、被保険者であった者により生計を維持していた者であって、埋葬を行うものは、その被保険者の最後の保険者から埋葬料の支給を受けることができる。

3　［ A ］以上被保険者であった者が被保険者の資格を喪失した日後［ D ］以内に出産したときは、出産につき被保険者として受けることができるはずであった［ E ］の支給を最後の保険者から受けることができる。

選択肢

① 1か月　② 1年　③ 1年6か月　④ 2か月
⑤ 2年　⑥ 3か月　⑦ 3年　⑧ 4か月
⑨ 5か月　⑩ 6か月　⑪ 10か月　⑫ 30日
⑬ 家族出産育児一時金　⑭ 出産育児一時金
⑮ 出産手当金　⑯ 出産に関する給付
⑰ 傷病手当金又は出産手当金
⑱ 被保険者及び被扶養者の保険事故に関する保険給付
⑲ 被保険者の保険事故に関する保険給付　⑳ 療養の給付

解　答

A　②　１年　（法104条、106条）
B　⑰　傷病手当金又は出産手当金　（法104条、105条）
C　⑥　３か月　（法105条）
D　⑩　６か月　（法106条）
E　⑭　出産育児一時金　（法106条）

完成文

1　被保険者の資格を喪失した日の前日までに引き続き１年以上被保険者であった者（以下「１年以上被保険者であった者」という。）であって、その資格を喪失した際に傷病手当金又は出産手当金の支給を受けている者は、被保険者として受けることができるはずであった期間、継続して同一の保険者からその給付を受けることができる。

2　上記１の傷病手当金又は出産手当金の支給を受ける者が死亡したとき、又はその者が傷病手当金又は出産手当金を受けなくなった日後３か月以内に死亡したとき、又はその他の被保険者であった者が被保険者の資格を喪失した日後３か月以内に死亡したときは、被保険者であった者により生計を維持していた者であって、埋葬を行うものは、その被保険者の最後の保険者から埋葬料の支給を受けることができる。

3　１年以上被保険者であった者が被保険者の資格を喪失した日後６か月以内に出産したときは、出産につき被保険者として受けることができるはずであった出産育児一時金の支給を最後の保険者から受けることができる。

問題45　保険給付の制限　難易度 B

Check欄 A□□□ B□□□ C□□□ D□□□ E□□□

1　被保険者又は被保険者であった者が、自己の［ A ］により又は故意に給付事由を生じさせたときは、当該給付事由に係る保険給付は、行わない。また、被保険者が、闘争、泥酔又は著しい不行跡によって給付事由を生じさせたときは、当該給付事由に係る保険給付は、［ B ］。

2　被保険者又は被保険者であった者が、⑴少年院その他これに準ずる施設に収容された場合、⑵刑事施設、労役場その他これらに準ずる施設に拘禁された場合においては、疾病、負傷又は出産につき、その期間に係る保険給付（傷病手当金及び出産手当金の支給にあっては、厚生労働省令で定める場合に限る。）は、行わないが、この場合であっても被扶養者に係る保険給付を行うことを妨げない。

3　保険者は、被保険者又は被保険者であった者が、正当な理由なしに療養に関する指示に従わないときは、保険給付の一部を行わないことができる。

4　保険者は、偽りその他不正の行為により保険給付を受け、又は受けようとした者に対して、［ C ］以内の期間を定め、その者に支給すべき［ D ］の全部又は一部を支給しない旨の決定をすることができる。ただし、偽りその他不正の行為があった日から［ E ］を経過したときは、この限りでない。

選択肢

①　１か月	②　１年	③　１年６か月	④　２年
⑤　３か月	⑥　３年	⑦　５年	⑧　６か月
⑨　行わない	⑩　現物給付	⑪　故意の犯罪行為	
⑫　重大な過失	⑬　傷病手当金又は出産手当金		⑭　責任

⑮　その一部を差し止める
⑯　その全部又は一部の支給を停止することができる
⑰　その全部又は一部を行わないことができる　⑱　犯罪行為
⑲　保険給付　⑳　療養の給付

解　答

A　⑪　故意の犯罪行為　（法116条）
B　⑰　その全部又は一部を行わないことができる　（法117条）
C　⑧　６か月　（法120条）
D　⑬　傷病手当金又は出産手当金　（法120条）
E　②　１年　（法120条）

完成文

1　被保険者又は被保険者であった者が、自己の故意の犯罪行為により又は故意に給付事由を生じさせたときは、当該給付事由に係る保険給付は、行わない。また、被保険者が、闘争、泥酔又は著しい不行跡によって給付事由を生じさせたときは、当該給付事由に係る保険給付は、その全部又は一部を行わないことができる。

2　被保険者又は被保険者であった者が、⑴少年院その他これに準ずる施設に収容された場合、⑵刑事施設、労役場その他これらに準ずる施設に拘禁された場合においては、疾病、負傷又は出産につき、その期間に係る保険給付（傷病手当金及び出産手当金の支給にあっては、厚生労働省令で定める場合に限る。）は、行わないが、この場合であっても被扶養者に係る保険給付を行うことを妨げない。

3　保険者は、被保険者又は被保険者であった者が、正当な理由なしに療養に関する指示に従わないときは、保険給付の一部を行わないことができる。

4　保険者は、偽りその他不正の行為により保険給付を受け、又は受けようとした者に対して、６か月以内の期間を定め、その者に支給すべき傷病手当金又は出産手当金の全部又は一部を支給しない旨の決定をすることができる。ただし、偽りその他不正の行為があった日から１年を経過したときは、この限りでない。

問題46　法人の役員である被保険者又はその被扶養者に係る保険給付の特例、不正利得の徴収　難易度 B

Check欄 A□□□ B□□□ C□□□ D□□□ E□□□

1　被保険者又はその被扶養者が法人の役員（業務を執行する社員、取締役、執行役又はこれらに準ずる者をいい、相談役、顧問その他いかなる名称を有する者であるかを問わず、法人に対し業務を執行する社員、取締役、執行役又はこれらに準ずる者と同等以上の［ A ］を有するものと認められる者を含む。以下同じ。）であるときは、当該被保険者又はその被扶養者のその法人の役員としての業務（被保険者の数が［ B ］人未満である適用事業所に使用される法人の役員としての業務であって厚生労働省令で定めるものを除く。）に起因する疾病、負傷又は死亡に関して［ C ］は、行わない。

2　上記1の厚生労働省令で定めるものとは、当該法人における従業員（上記1に規定する法人の役員以外の者をいう。）が［ D ］であると認められるものとする。

3　保険者は、保険医療機関若しくは保険薬局又は指定訪問看護事業者が、偽りその他不正の行為によって療養の給付に関する費用、入院時食事療養費、入院時生活療養費、保険外併用療養費、訪問看護療養費、家族療養費又は家族訪問看護療養費の療養に要した費用の支払を受けたときは、当該保険医療機関若しくは保険薬局又は指定訪問看護事業者に対し、その支払った額につき返還させるほか、その返還させる額に［ E ］を乗じて得た額を支払わせることができる。

選択肢

① 3　② 5　③ 10　④ 30　⑤ 100分の10
⑥ 100分の25　⑦ 100分の40　⑧ 100分の60
⑨ 受ける報酬と同一　⑩ 株式　⑪ 支配力　⑫ 資本
⑬ 従事する業務と同一　⑭ 従事する所定労働時間と同一
⑮ 従事する場所と同一　⑯ 傷病手当金
⑰ 傷病手当金及び出産手当金　⑱ 責任　⑲ 保険給付
⑳ 療養の給付

解　答

A　⑪　支配力　（法53条の２）
B　②　５　（法53条の２）
C　⑲　保険給付　（法53条の２）
D　⑬　従事する業務と同一　（則52条の２）
E　⑦　100分の40　（法58条）

完成文

1　被保険者又はその被扶養者が法人の役員(業務を執行する社員、取締役、執行役又はこれらに準ずる者をいい、相談役、顧問その他いかなる名称を有する者であるかを問わず、法人に対し業務を執行する社員、取締役、執行役又はこれらに準ずる者と同等以上の支配力を有するものと認められる者を含む。以下同じ。)であるときは、当該被保険者又はその被扶養者のその法人の役員としての業務(被保険者の数が5人未満である適用事業所に使用される法人の役員としての業務であって厚生労働省令で定めるものを除く。)に起因する疾病、負傷又は死亡に関して保険給付は、行わない。

2　上記1の厚生労働省令で定めるものとは、当該法人における従業員(上記1に規定する法人の役員以外の者をいう。)が従事する業務と同一であると認められるものとする。

3　保険者は、保険医療機関若しくは保険薬局又は指定訪問看護事業者が、偽りその他不正の行為によって療養の給付に関する費用、入院時食事療養費、入院時生活療養費、保険外併用療養費、訪問看護療養費、家族療養費又は家族訪問看護療養費の療養に要した費用の支払を受けたときは、当該保険医療機関若しくは保険薬局又は指定訪問看護事業者に対し、その支払った額につき返還させるほか、その返還させる額に100分の40を乗じて得た額を支払わせることができる。

問題47　損害賠償請求権、基金等への事務の委託　難易度 B

Check欄 A□□□ B□□□ C□□□ D□□□ E□□□

1　保険者は、給付事由が［ A ］の行為によって生じた場合において保険給付を行ったときは、その給付の価額(その保険給付が［ B ］であるときは［ C ］に相当する額を控除するものとする。)の限度において、保険給付を受ける権利を有する者(当該給付事由が被保険者の被扶養者につき生じた場合には、当該被扶養者を含む。)が［ A ］に対して有する［ D ］の請求権を取得する。

2　上記1の場合において保険給付を受ける権利を有する者が［ A ］から同一の事由について［ D ］を受けたときは、保険者はその価額の限度において保険給付を行う責めを免れる。

3　保険者は、診療報酬等に係る事務のほか、次のアからウに掲げる事務を社会保険診療報酬支払基金又は［ E ］に委託することができる。

ア　被保険者に係る保険給付及び日雇特例被保険者に係る保険給付のうち厚生労働省令で定めるものの支給に関する事務(診療報酬等に係る事務を除く。)

イ　被保険者に係る保険給付及び日雇特例被保険者に係る保険給付の支給、保健事業及び福祉事業の実施、第155条の規定による保険料の徴収その他の厚生労働省令で定める事務に係る被保険者若しくは被保険者であった者又はこれらの被扶養者(ウにおいて「被保険者等」という。)に係る情報の収集又は整理に関する事務

ウ　被保険者に係る保険給付及び日雇特例被保険者に係る保険給付の支給、保健事業及び福祉事業の実施、第155条の規定による保険料の徴収その他の厚生労働省令で定める事務に係る被保険者等に係る情報の利用又は提供に関する事務

選択肢

①　慰謝料　②　一部負担金　③　後期高齢者医療広域連合
④　国民健康保険団体連合会　⑤　事業主　⑥　自己負担額
⑦　市町村　⑧　自費負担　⑨　出産育児一時金
⑩　出産手当金　⑪　傷病手当金　⑫　診療報酬
⑬　損害賠償　⑭　第三者　⑮　配偶者　⑯　標準負担額
⑰　保険医療機関　⑱　保険者　⑲　療養に要した費用
⑳　療養の給付

解　答

A　⑭　第三者　(法57条)
B　⑳　療養の給付　(法57条)
C　②　一部負担金　(法57条)
D　⑬　損害賠償　(法57条)
E　④　国民健康保険団体連合会　(法205条の４)

完成文

1　保険者は、給付事由が第三者の行為によって生じた場合において保険給付を行ったときは、その給付の価額（その保険給付が療養の給付であるときは一部負担金に相当する額を控除するものとする。）の限度において、保険給付を受ける権利を有する者（当該給付事由が被保険者の被扶養者につき生じた場合には、当該被扶養者を含む。）が第三者に対して有する損害賠償の請求権を取得する。

2　上記１の場合において保険給付を受ける権利を有する者が第三者から同一の事由について損害賠償を受けたときは、保険者はその価額の限度において保険給付を行う責めを免れる。

3　保険者は、診療報酬等に係る事務のほか、次のアからウに掲げる事務を社会保険診療報酬支払基金又は国民健康保険団体連合会に委託することができる。

ア　被保険者に係る保険給付及び日雇特例被保険者に係る保険給付のうち厚生労働省令で定めるものの支給に関する事務（診療報酬等に係る事務を除く。）

イ　被保険者に係る保険給付及び日雇特例被保険者に係る保険給付の支給、保健事業及び福祉事業の実施、第155条の規定による保険料の徴収その他の厚生労働省令で定める事務に係る被保険者若しくは被保険者であった者又はこれらの被扶養者（ウにおいて「被保険者等」という。）に係る情報の収集又は整理に関する事務

ウ　被保険者に係る保険給付及び日雇特例被保険者に係る保険給付の支給、保健事業及び福祉事業の実施、第155条の規定による保険料の徴収その他の厚生労働省令で定める事務に係る被保険者等に係る情報の利用又は提供に関する事務

問題48　保健事業及び福祉事業　難易度 A

Check欄 A□□□ B□□□ C□□□ D□□□ E□□□

1　保険者は、高齢者の医療の確保に関する法律の規定による特定健康診査及び［ A ］（特定健康診査等）を［ B ］ほか、特定健康診査等以外の事業であって、健康教育、健康相談及び健康診査並びに健康管理及び疾病の予防に係る被保険者及びその被扶養者（以下本問において「被保険者等」という。）の［ C ］についての支援その他の被保険者等の［ D ］のために必要な事業を行うように努めなければならない。

2　保険者は、被保険者等の療養のために必要な費用に係る資金若しくは用具の貸付けその他の被保険者等の療養若しくは療養環境の向上又は被保険者等の出産のために必要な費用に係る資金の貸付けその他の被保険者等の［ E ］のために必要な事業を行うことができる。

選択肢

① 行うものとする	② 行うように努める	③ 機能回復
④ 居宅における介護	⑤ 経済的安定	⑥ 健康の回復
⑦ 健康の保持増進	⑧ 自助努力	⑨ 社会復帰の促進
⑩ 受診するよう勧奨する	⑪ 障害状態の軽減	
⑫ 生活の安定	⑬ 生活の向上	⑭ 治療
⑮ 導入するよう努める	⑯ 特定保健指導	
⑰ 特別保健指導	⑱ 特例保健指導	⑲ 福祉の増進
⑳ 保健指導		

解　答

A　⑯　特定保健指導　（法150条）
B　①　行うものとする　（法150条）
C　⑧　自助努力　（法150条）
D　⑦　健康の保持増進　（法150条）
E　⑲　福祉の増進　（法150条）

完成文

1　保険者は、高齢者の医療の確保に関する法律の規定による特定健康診査及び特定保健指導（特定健康診査等）を行うものとするほか、特定健康診査等以外の事業であって、健康教育、健康相談及び健康診査並びに健康管理及び疾病の予防に係る被保険者及びその被扶養者（以下本問において「被保険者等」という。）の自助努力についての支援その他の被保険者等の健康の保持増進のために必要な事業を行うように努めなければならない。

2　保険者は、被保険者等の療養のために必要な費用に係る資金若しくは用具の貸付けその他の被保険者等の療養若しくは療養環境の向上又は被保険者等の出産のために必要な費用に係る資金の貸付けその他の被保険者等の福祉の増進のために必要な事業を行うことができる。

問題49　任意継続被保険者(1)　難易度 C

Check欄 A□□□ B□□□ C□□□ D□□□ E□□□

1　任意継続被保険者とは、適用事業所に使用されなくなったため、又は適用除外に該当するに至ったため被保険者(日雇特例被保険者を除く。)の資格を喪失した者であって、喪失の日の前日まで［ A ］以上被保険者(日雇特例被保険者、任意継続被保険者又は共済組合の組合員である被保険者を除く。)であったもののうち、保険者に申し出て、継続して当該保険者の被保険者となった者をいう。ただし、船員保険の被保険者又は［ B ］の被保険者等である者は、この限りでない。

2　任意継続被保険者になることの申出は、被保険者の資格を喪失した日から［ C ］以内にしなければならない。

3　任意継続被保険者となることの申出をした者が、初めて納付すべき保険料をその納付期日までに納付しなかったときは、その者は、［ D ］。

4　任意継続被保険者は、次のいずれかに該当するに至った日の翌日(エからカまでのいずれかに該当するに至ったときは、その日)から、その資格を喪失する。

ア　任意継続被保険者となった日から起算して［ E ］を経過したとき。

イ　死亡したとき。

ウ　保険料(初めて納付すべき保険料を除く。)を納付期日までに納付しなかったとき(納付の遅延について正当な理由があると保険者が認めたときを除く。)。

エ　被保険者となったとき。

オ　船員保険の被保険者となったとき。

カ　［ B ］の被保険者等となったとき。

キ　任意継続被保険者でなくなることを希望する旨を、厚生労働省令で定めるところにより、保険者に申し出た場合において、その申出が受理された日の属する月の末日が到来したとき。

選択肢

①　１年　　②　２か月　　③　２年　　④　３年
⑤　５日　　⑥　６か月　　⑦　10日　　⑧　20日
⑨　60歳以上　　⑩　継続して１年　　⑪　継続して２か月
⑫　後期高齢者医療　　⑬　国民健康保険　　⑭　雇用保険
⑮　その前日に任意継続被保険者の資格を喪失する
⑯　その日に任意継続被保険者の資格を喪失する
⑰　その翌日に任意継続被保険者の資格を喪失する
⑱　通算して１年　　⑲　通算して２か月
⑳　任意継続被保険者とならなかったものとみなす

解　答

A　⑪　継続して２か月　（法３条）
B　⑫　後期高齢者医療　（法３条、38条）
C　⑧　20日　（法37条）
D　⑳　任意継続被保険者とならなかったものとみなす　（法37条）
E　③　２年　（法38条）

完成文

1　任意継続被保険者とは、適用事業所に使用されなくなったため、又は適用除外に該当するに至ったため被保険者（日雇特例被保険者を除く。）の資格を喪失した者であって、喪失の日の前日まで継続して２か月以上被保険者（日雇特例被保険者、任意継続被保険者又は共済組合の組合員である被保険者を除く。）であったもののうち、保険者に申し出て、継続して当該保険者の被保険者となった者をいう。ただし、**船員保険の被保険者**又は後期高齢者医療の被保険者等である者は、この限りでない。

2　任意継続被保険者になることの申出は、被保険者の資格を喪失した日から20日以内にしなければならない。

3　任意継続被保険者となることの申出をした者が、**初めて**納付すべき保険料をその**納付期日**までに納付しなかったときは、その者は、任意継続被保険者とならなかったものとみなす。

4　任意継続被保険者は、次のいずれかに該当するに至った日の翌日（エからカまでのいずれかに該当するに至ったときは、その日）から、その資格を喪失する。

ア　任意継続被保険者となった日から起算して２年を経過したとき。

イ　死亡したとき。

ウ　保険料（**初めて**納付すべき保険料を除く。）を**納付期日**までに納付しなかったとき（納付の遅延について正当な理由があると保険者が認めたときを除く。）。

エ　被保険者となったとき。

オ　**船員保険の被保険者**となったとき。

カ　後期高齢者医療の被保険者等となったとき。

キ　任意継続被保険者でなくなることを希望する旨を、厚生労働省令で定めるところにより、保険者に申し出た場合において、その申出が受理された日の**属する月の末日**が到来したとき。

問題50　任意継続被保険者(2)　難易度 B

Check欄 A□□□ B□□□ C□□□ D□□□ E□□□

1　任意継続被保険者の標準報酬月額については、次のア・イに掲げる額のうち［ A ］をもって、その者の標準報酬月額とする。

ア　当該任意継続被保険者が［ B ］標準報酬月額(資格喪失時標準報酬月額)

イ　前年(1月から3月までの標準報酬月額については、前々年)の［ C ］における当該任意継続被保険者の属する保険者が管掌する全被保険者の同月の標準報酬月額を平均した額(健康保険組合が当該平均した額の範囲内においてその規約で定めた額があるときは、当該規約で定めた額)を標準報酬月額の基礎となる報酬月額とみなしたときの標準報酬月額(平均標準報酬月額)

2　保険者が健康保険組合である場合においては、上記1の規定にかかわらず、資格喪失時標準報酬月額が平均標準報酬月額を超える任意継続被保険者について、規約で定めるところにより、資格喪失時標準報酬月額(当該健康保険組合が平均標準報酬月額を超え資格喪失時標準報酬月額未満の範囲内においてその規約で定めた額があるときは、当該規約で定めた額を標準報酬月額の基礎となる報酬月額とみなしたときの標準報酬月額)をその者の標準報酬月額とすることができる。

3　任意継続被保険者に関する保険料については、［ D ］(初めて納付すべき保険料については、保険者が指定する日)までに納付しなければならない。

4　任意継続被保険者には、［ E ］は支給されない。

選択肢

① 3月31日　② 7月1日　③ 9月1日
④ 9月30日　⑤ いずれか多い額　⑥ いずれか少ない額
⑦ 家族給付　⑧ 出産に関する給付
⑨ 傷病手当金及び出産手当金　⑩ その月の10日
⑪ その月の初日　⑫ その月の末日　⑬ その月の翌月10日
⑭ 任意継続被保険者が選択した額
⑮ 被保険者であったときの標準報酬月額を平均した
⑯ 被保険者であったときの最も高い
⑰ 被保険者であったときの最も低い
⑱ 被保険者の資格を喪失したときの　⑲ 保険者が選択した額
⑳ 療養の給付

解　答

A　⑥　いずれか少ない額　（法47条）
B　⑱　被保険者の資格を喪失したときの　（法47条）
C　④　9月30日　（法47条）
D　⑩　その月の10日　（法164条）
E　⑨　傷病手当金及び出産手当金　（法99条、102条）

完成文

1　任意継続被保険者の標準報酬月額については、次のア・イに掲げる額のうちいずれか少ない額をもって、その者の標準報酬月額とする。

ア　当該任意継続被保険者が被保険者の資格を喪失したときの標準報酬月額(資格喪失時標準報酬月額)

イ　前年(1月から3月までの標準報酬月額については、前々年)の9月30日における当該任意継続被保険者の属する保険者が管掌する**全被保険者**の同月の標準報酬月額を平均した額(**健康保険組合**が当該平均した額の範囲内においてその**規約**で定めた額があるときは、当該**規約**で定めた額)を標準報酬月額の基礎となる報酬月額とみなしたときの標準報酬月額(平均標準報酬月額)

2　保険者が**健康保険組合**である場合においては、上記1の規定にかかわらず、資格喪失時標準報酬月額が平均標準報酬月額を超える任意継続被保険者について、**規約**で定めるところにより、資格喪失時標準報酬月額(当該**健康保険組合**が平均標準報酬月額を超え資格喪失時標準報酬月額未満の範囲内においてその**規約**で定めた額があるときは、当該規約で定めた額を標準報酬月額の基礎となる報酬月額とみなしたときの標準報酬月額)をその者の標準報酬月額とすることができる。

3　任意継続被保険者に関する保険料については、その月の10日(初めて納付すべき保険料については、保険者が指定する日)までに納付しなければならない。

4　任意継続被保険者には、傷病手当金及び出産手当金は支給されない。

問題51　特例退職被保険者　難易度 B

Check欄 A□□□ B□□□ C□□□ D□□□ E□□□

1　厚生労働大臣の認可を受けた健康保険組合(以下「[A]」という。)の組合員である被保険者であった者であって、改正前の国民健康保険法に規定する退職被保険者であるべきもののうち当該[A]の規約で定めるものは、当該[A]に申し出て、当該[A]の被保険者(以下「[B]」という。)となることができる。ただし、任意継続被保険者であるときは、この限りでない。

2　健康保険組合は、上記1の認可を受けようとするとき、又は上記1の認可の取消しを受けようとするときは、組合会において組合会議員の定数の3分の2以上の多数により議決しなければならない。

3　[B]の標準報酬月額については、当該[A]が管掌する前年(1月から3月までの標準報酬月額については、前々年)の[C]における[B]以外の[D]の同月の標準報酬月額を平均した額の範囲内においてその規約で定めた額を標準報酬月額の基礎となる報酬月額とみなしたときの標準報酬月額とする。

4　法第104条([E]又は出産手当金の継続給付)の規定にかかわらず、[B]には、[E]は支給されない。

選択肢

①　9月1日	②　9月30日	③　10月1日
④　10月31日	⑤　45歳未満の被保険者	
⑥　60歳以上の被保険者	⑦　移送費	⑧　指定健康保険組合
⑨　傷病手当金	⑩　全被保険者	⑪　男性被保険者
⑫　特定健康保険組合	⑬　特定退職被保険者	
⑭　特定任意継続被保険者	⑮　特別健康保険組合	
⑯　特例健康保険組合	⑰　特例退職被保険者	
⑱　特例任意継続被保険者	⑲　療養の給付	⑳　療養費

解　答

A　⑫　特定健康保険組合　（法附則３条）
B　⑰　特例退職被保険者　（法附則３条）
C　②　９月30日　（法附則３条）
D　⑩　全被保険者　（法附則３条）
E　⑨　傷病手当金　（法附則３条）

完成文

1　厚生労働大臣の認可を受けた健康保険組合（以下「特定健康保険組合」という。）の組合員である被保険者であった者であって、改正前の国民健康保険法に規定する退職被保険者であるべきもののうち当該特定健康保険組合の規約で定めるものは、当該特定健康保険組合に申し出て、当該特定健康保険組合の被保険者（以下「特例退職被保険者」という。）となることができる。ただし、任意継続被保険者であるときは、この限りでない。

2　健康保険組合は、上記１の認可を受けようとするとき、又は上記１の認可の取消しを受けようとするときは、組合会において組合会議員の定数の３分の２以上の多数により議決しなければならない。

3　特例退職被保険者の標準報酬月額については、当該特定健康保険組合が管掌する前年（１月から３月までの標準報酬月額については、前々年）の９月30日における特例退職被保険者以外の全被保険者の同月の標準報酬月額を平均した額の範囲内においてその規約で定めた額を標準報酬月額の基礎となる報酬月額とみなしたときの標準報酬月額とする。

4　法第104条（傷病手当金又は出産手当金の継続給付）の規定にかかわらず、特例退職被保険者には、傷病手当金は支給されない。

問題52　日雇特例被保険者　難易度 B

Check欄 A□□□ B□□□ C□□□ D□□□ E□□□

1　日雇特例被保険者とは、適用事業所に使用される日雇労働者をいう。ただし、後期高齢者医療の被保険者等である者又は以下のいずれかに該当する者として［ A ］の承認を受けたものは、この限りでない。

ア　引き続く［ B ］に通算して［ C ］以上使用される見込みのないことが明らかであるとき

イ　任意継続被保険者であるとき

ウ　その他特別の理由があるとき

2　日雇特例被保険者の保険の保険者は、協会とする。日雇特例被保険者の保険の保険者の業務のうち、［ D ］の交付、日雇特例被保険者に係る保険料の徴収及び日雇拠出金の徴収並びにこれらに附帯する業務は、［ A ］が行う。

3　日雇労働者は、日雇特例被保険者となったときは、日雇特例被保険者となった日から起算して［ E ］以内に、［ A ］に［ D ］の交付を申請しなければならない。ただし、既に［ D ］の交付を受け、これを所持している場合において、その［ D ］に健康保険印紙をはり付けるべき余白があるときは、この限りでない。［ A ］は、この申請があったときは、［ D ］を交付しなければならない。

選択肢

①　1か月間	②　2か月間	③　3か月間	④　5日
⑤　10日	⑥　13日	⑦　14日	⑧　26日	⑨　30日
⑩　40日	⑪　78日	⑫　80日間	⑬　厚生労働大臣
⑭　市町村長	⑮　受給資格者票	⑯　地方厚生局長	
⑰　都道府県知事	⑱　被保険者資格証明書		
⑲　被保険者証	⑳　日雇特例被保険者手帳		

解　答

A　⑬　厚生労働大臣　（法３条、123条、126条）
B　②　２か月間　（法３条）
C　⑧　26日　（法３条）
D　⑳　日雇特例被保険者手帳　（法123条、126条）
E　④　５日　（法126条）

完成文

1　日雇特例被保険者とは、適用事業所に使用される日雇労働者をいう。ただし、後期高齢者医療の被保険者等である者又は以下のいずれかに該当する者として厚生労働大臣の承認を受けたものは、この限りでない。

ア　引き続く２か月間に通算して26日以上使用される見込みのないことが明らかであるとき

イ　任意継続被保険者であるとき

ウ　その他特別の理由があるとき

2　日雇特例被保険者の保険の保険者は、協会とする。日雇特例被保険者の保険の保険者の業務のうち、日雇特例被保険者手帳の交付、日雇特例被保険者に係る保険料の徴収及び日雇拠出金の徴収並びにこれらに附帯する業務は、厚生労働大臣が行う。

3　日雇労働者は、日雇特例被保険者となったときは、日雇特例被保険者となった日から起算して５日以内に、厚生労働大臣に日雇特例被保険者手帳の交付を申請しなければならない。ただし、既に日雇特例被保険者手帳の交付を受け、これを所持している場合において、その日雇特例被保険者手帳に健康保険印紙をはり付けるべき余白があるときは、この限りでない。厚生労働大臣は、この申請があったときは、日雇特例被保険者手帳を交付しなければならない。

問題53　標準賃金日額、日雇特例被保険者の保険料その他(1)　難易度 B

Check欄 A□□□ B□□□ C□□□ D□□□ E□□□

1　この法律において「賃金」とは、賃金、給料、手当、賞与その他いかなる名称であるかを問わず、日雇労働者が、労働の対償として受けるすべてのものをいう。ただし、［　A　］は、この限りでない。

2　賃金のうち通貨以外のもので支払われるものについては、その価額は、その地方の時価により、厚生労働大臣が定める。

3　標準賃金日額の等級は、日雇特例被保険者の賃金日額に応じ、3,000円から24,750円までの［　B　］に区分されている。

4　日雇特例被保険者に関する保険料額は、1日につき、以下に掲げる額の合算額とする。

ア　その者の標準賃金日額の等級に応じ、以下に掲げる額の合算額を基準として政令で定めるところにより算定した額

a　標準賃金日額に平均保険料率(各都道府県単位保険料率に各支部被保険者の総報酬額の総額を乗じて得た額の総額を協会が管掌する健康保険の被保険者の総報酬額の総額で除して得た率をいう。)と介護保険料率とを合算した率(介護保険第2号被保険者である日雇特例被保険者以外の日雇特例被保険者については、平均保険料率)を乗じて得た額

b　aに掲げる額に［　C　］を乗じて得た額

イ　賞与額(その額に［　D　］円未満の端数がある場合には、これを切り捨てるものとし、その額が［　E　］円を超える場合には、［　E　］円とする。)に平均保険料率と介護保険料率とを合算した率(介護保険第2号被保険者である日雇特例被保険者以外の日雇特例被保険者については、平均保険料率)を乗じて得た額

選択肢

① 10　② 100　③ 1,000　④ 10,000
⑤ １か月を超える期間ごとに受けるもの
⑥ ３か月を超える期間ごとに受けるもの　⑦ 10等級
⑧ 11等級　⑨ 13等級　⑩ 17等級　⑪ 40万
⑫ 50万　⑬ 100分の31　⑭ 100分の81　⑮ 150万
⑯ 200万　⑰ 1000分の82　⑱ 1000分の91
⑲ 臨時に受けるもの
⑳ 臨時に受けるもの及び３か月を超える期間ごとに受けるもの

解　答

A　⑥　3か月を超える期間ごとに受けるもの　(法3条)
B　⑧　11等級　(法124条)
C　⑬　100分の31　(法168条)
D　③　1,000　(法168条)
E　⑪　40万　(法168条)

完成文

1　この法律において「賃金」とは、賃金、給料、手当、賞与その他いかなる名称であるかを問わず、日雇労働者が、労働の対償として受けるすべてのものをいう。ただし、３か月を超える期間ごとに受けるものは、この限りでない。

2　賃金のうち通貨以外のもので支払われるものについては、その価額は、その地方の時価により、厚生労働大臣が定める。

3　標準賃金日額の等級は、日雇特例被保険者の賃金日額に応じ、3,000円から24,750円までの11等級に区分されている。

4　日雇特例被保険者に関する保険料額は、１日につき、以下に掲げる額の合算額とする。

ア　その者の標準賃金日額の等級に応じ、以下に掲げる額の合算額を基準として政令で定めるところにより算定した額

a　標準賃金日額に平均保険料率（各都道府県単位保険料率に各支部被保険者の総報酬額の総額を乗じて得た額の総額を協会が管掌する健康保険の被保険者の総報酬額の総額で除して得た率をいう。）と介護保険料率とを合算した率（介護保険第２号被保険者である日雇特例被保険者以外の日雇特例被保険者については、平均保険料率）を乗じて得た額

b　ａに掲げる額に100分の31を乗じて得た額

イ　賞与額（その額に1,000円未満の端数がある場合には、これを切り捨てるものとし、その額が40万円を超える場合には、40万円とする。）に平均保険料率と介護保険料率とを合算した率（介護保険第２号被保険者である日雇特例被保険者以外の日雇特例被保険者については、平均保険料率）を乗じて得た額

問題54　日雇特例被保険者の保険料その他(2)　難易度 B

Check欄 A□□□ B□□□ C□□□ D□□□ E□□□

1　事業主（日雇特例被保険者が１日において二以上の事業所に使用される場合においては、［ A ］。）は、日雇特例被保険者［ B ］、その者及び自己の負担すべきその日の標準賃金日額に係る保険料を納付する義務を負う。

2　事業主が標準賃金日額に係る保険料の納付を怠ったときは、厚生労働大臣は、その調査に基づき、その納付すべき保険料額を決定し、これを事業主に告知する。

3　事業主が、正当な理由がないと認められるにもかかわらず、標準賃金日額に係る保険料の納付を怠ったときは、厚生労働大臣は、厚生労働省令で定めるところにより、上記２の規定により決定された保険料額の［ C ］に相当する額の追徴金を徴収する。ただし、決定された保険料額が［ D ］円未満であるときは、この限りでない。

4　追徴金を計算するに当たり、決定された保険料額に［ D ］円未満の端数があるときは、その端数は、切り捨てる。

5　上記３に規定する追徴金は、その決定された日から［ E ］以内に、厚生労働大臣に納付しなければならない。

選択肢

① 10	② 100	③ 500	④ 1,000	⑤ 5日
⑥ 10日	⑦ 14日	⑧ 30日	⑨ 100分の10	

⑩ 100分の25　⑪ 100分の40　⑫ 100分の50
⑬ 最後にその者を使用する事業主
⑭ その者を使用するすべての事業主　⑮ に賃金を支払うつど
⑯ 初めにその者を使用する事業主
⑰ 日雇特例被保険者が選択した事業主
⑱ を使用した日から５日以内に
⑲ を使用した日の翌月末日までに　⑳ を使用する日ごとに

解　答

A　⑯　初めにその者を使用する事業主　（法169条）
B　⑳　を使用する日ごとに　（法169条）
C　⑩　100分の25　（法170条）
D　④　1,000　（法170条）
E　⑦　14日　（法170条）

完成文

1　事業主（日雇特例被保険者が１日において二以上の事業所に使用される場合においては、初めにその者を使用する事業主。）は、日雇特例被保険者を使用する日ごとに、その者及び自己の負担すべきその日の標準賃金日額に係る保険料を納付する義務を負う。

2　事業主が標準賃金日額に係る保険料の納付を怠ったときは、厚生労働大臣は、その調査に基づき、その納付すべき保険料額を決定し、これを事業主に告知する。

3　事業主が、正当な理由がないと認められるにもかかわらず、標準賃金日額に係る保険料の納付を怠ったときは、厚生労働大臣は、厚生労働省令で定めるところにより、上記２の規定により決定された保険料額の100分の25に相当する額の追徴金を徴収する。ただし、決定された保険料額が1,000円未満であるときは、この限りでない。

4　追徴金を計算するに当たり、決定された保険料額に1,000円未満の端数があるときは、その端数は、切り捨てる。

5　上記３に規定する追徴金は、その決定された日から14日以内に、厚生労働大臣に納付しなければならない。

問題55　日雇特例被保険者の傷病手当金　難易度 B

Check欄 A□□□ B□□□ C□□□ D□□□ E□□□

1　日雇特例被保険者が療養の給付を受けている場合において、その療養のため、労務に服することができないときは、労務に服することができなくなった日から起算して［ A ］を経過した日から労務に服することができない期間、傷病手当金を支給する。

2　傷病手当金の額は、1日につき、日雇特例被保険者について、その者が初めて当該療養の給付を受けた日の属する月の前［ B ］に［ C ］分以上の保険料が納付されている場合、又は初めて当該療養の給付を受けた日の属する月の前［ D ］間に通算して78日分以上の保険料が納付されている場合に、それぞれの期間において保険料が納付された日に係るその者の標準賃金日額の各月ごとの合算額のうち［ E ］に相当する額である。

3　日雇特例被保険者に係る傷病手当金の支給期間は、同一の疾病又は負傷及びこれにより発した疾病に関しては、その支給を始めた日から起算して［ D ］（厚生労働大臣が指定する疾病（結核性疾病）に関しては、1年6か月）を超えないものとする。

選択肢

①　1か月間	②　1日	③　1年	④　2か月間
⑤　2日	⑥　3か月	⑦　3か月間	⑧　3日
⑨　3年	⑩　4か月間	⑪　4日	⑫　6か月
⑬　13日	⑭　最小のものの30分の1		
⑮　最小のものの45分の1	⑯　最大のものの30分の1		
⑰　最大のものの45分の1	⑱　通算して26日		
⑲　通算して42日	⑳　通算して56日		

解　答

A　⑧　３日　（法135条）
B　④　２か月間　（法135条）
C　⑱　通算して26日　（法135条）
D　⑫　６か月　（法135条）
E　⑰　最大のものの45分の１　（法135条）

完成文

1　日雇特例被保険者が療養の給付を受けている場合において、その療養のため、労務に服することができないときは、労務に服することができなくなった日から起算して３日を経過した日から労務に服することができない期間、傷病手当金を支給する。

2　傷病手当金の額は、１日につき、日雇特例被保険者について、その者が初めて当該療養の給付を受けた日の属する月の前２か月間に通算して26日分以上の保険料が納付されている場合、又は初めて当該療養の給付を受けた日の属する月の前６か月間に通算して78日分以上の保険料が納付されている場合に、それぞれの期間において保険料が納付された日に係るその者の標準賃金日額の各月ごとの合算額のうち最大のものの45分の１に相当する額である。

3　日雇特例被保険者に係る傷病手当金の支給期間は、同一の疾病又は負傷及びこれにより発した疾病に関しては、その支給を始めた日から起算して６か月(厚生労働大臣が指定する疾病(結核性疾病)に関しては、１年６か月)を超えないものとする。

問題56　特別療養費、特別療養給付　難易度 B

Check欄 A□□□ B□□□ C□□□ D□□□ E□□□

1　初めて日雇特例被保険者手帳の交付を受けた日雇特例被保険者でその該当するに至った日の属する月の初日から起算して [A] (月の初日に該当するに至った者については [B])を経過しないもの又はその被扶養者が、 [C] 受給票を保険医療機関等又は指定訪問看護事業者に提出して療養又は指定訪問看護を受けたときは、日雇特例被保険者に対し、その療養又は指定訪問看護に要した費用について、 [C] が支給される。

2　被保険者が資格を喪失し、かつ、日雇特例被保険者又はその被扶養者となった場合において、その資格を喪失した際に療養の給付等を受けているときは、当該疾病又は負傷及びこれにより発した疾病につき、当該保険者から療養の給付等を受けることができる。これを受けようとする者は、資格喪失後 [D] 以内に申請をしなければならない。ただし、次のいずれかに該当するに至ったときは、当該療養の給付等は行わない。

⑴　日雇特例被保険者として療養の給付等を受けることができるとき

⑵　被保険者、船員保険の被保険者若しくはこれらの者の被扶養者、国民健康保険の被保険者又は後期高齢者医療の被保険者等となったとき

⑶　被保険者の資格を喪失した日から起算して [E] を経過したとき

選択肢

①　1か月	②　2か月	③　3か月	④　4か月
⑤　5か月	⑥　5日	⑦　6か月	⑧　7か月
⑨　8か月	⑩　9か月	⑪　10か月	⑫　10日
⑬　11か月	⑭　12か月	⑮　14日	⑯　20日
⑰　指定療養費	⑱　特認療養費	⑲　特別療養費	
⑳　特例療養費			

解　答

A　③　３か月　（法145条）
B　②　２か月　（法145条）
C　⑲　特別療養費　（法145条）
D　⑫　10日　（則83条）
E　⑦　６か月　（法98条）

完成文

1　初めて日雇特例被保険者手帳の交付を受けた日雇特例被保険者でその該当するに至った日の属する月の初日から起算して３か月（月の初日に該当するに至った者については２か月）を経過しないもの又はその被扶養者が、特別療養費受給票を保険医療機関等又は指定訪問看護事業者に提出して療養又は指定訪問看護を受けたときは、日雇特例被保険者に対し、その療養又は指定訪問看護に要した費用について、特別療養費が支給される。

2　被保険者が資格を喪失し、かつ、日雇特例被保険者又はその被扶養者となった場合において、その資格を喪失した際に療養の給付等を受けているときは、当該疾病又は負傷及びこれにより発した疾病につき、当該保険者から療養の給付等を受けることができる。これを受けようとする者は、資格喪失後10日以内に申請をしなければならない。ただし、次のいずれかに該当するに至ったときは、当該療養の給付等は行わない。

⑴　日雇特例被保険者として療養の給付等を受けることができるとき
⑵　被保険者、船員保険の被保険者若しくはこれらの者の被扶養者、国民健康保険の被保険者又は後期高齢者医療の被保険者等となったとき
⑶　被保険者の資格を喪失した日から起算して６か月を経過したとき

問題57　全国健康保険協会(1)　難易度 A

Check欄 A□□□ B□□□ C□□□ D□□□ E□□□

1　健康保険組合の組合員でない被保険者に係る健康保険事業を行うため、全国健康保険協会(協会)を設ける。

2　協会の資本金は、［ A ］から出資があったものとされた金額とする。

3　協会は、定款をもって、目的その他事項を定めなければならない。

4　協会に、役員として、理事長1人、理事6人以内及び監事［ B ］人を置く。

5　事業主及び被保険者の意見を反映させ、協会の業務の適正な運営を図るため、協会に［ C ］を置く。［ C ］の委員は、［ D ］人以内とし、事業主、被保険者及び協会の業務の適正な運営に必要な学識経験を有する者のうちから、厚生労働大臣が各同数を任命する。

6　協会は、都道府県ごとの実情に応じた業務の適正な運営に資するため、支部ごとに［ E ］を設け、当該支部における業務の実施について、［ E ］の意見を聴くものとする。

選択肢

① 1	② 2	③ 3	④ 5	⑤ 6
⑥ 7	⑦ 8	⑧ 9	⑨ 運営委員会	
⑩ 運用委員会	⑪ 協議会	⑫ 健康保険組合		
⑬ 健康保険組合連合会	⑭ 審議会	⑮ 審査会		
⑯ 政府	⑰ 代議委員会	⑱ 第三者委員会		
⑲ 適用事業所の事業主	⑳ 評議会			

解　答

A　⑯　政府　　　　（法７条の５）
B　②　２　　　　　（法７条の９）
C　⑨　運営委員会　（法７条の18）
D　⑧　９　　　　　（法７条の18）
E　⑳　評議会　　　（法７条の21）

完成文

1　健康保険組合の組合員でない被保険者に係る健康保険事業を行うため、全国健康保険協会（協会）を設ける。

2　協会の資本金は、政府から出資があったものとされた金額とする。

3　協会は、定款をもって、目的その他事項を定めなければならない。

4　協会に、役員として、理事長１人、理事６人以内及び監事２人を置く。

5　事業主及び被保険者の意見を反映させ、協会の業務の適正な運営を図るため、協会に運営委員会を置く。運営委員会の委員は、９人以内とし、事業主、被保険者及び協会の業務の適正な運営に必要な学識経験を有する者のうちから、厚生労働大臣が各同数を任命する。

6　協会は、都道府県ごとの実情に応じた業務の適正な運営に資するため、支部ごとに評議会を設け、当該支部における業務の実施について、評議会の意見を聴くものとする。

問題58　全国健康保険協会(2)　難易度 B

Check欄 A□□□ B□□□ C□□□ D□□□ E□□□

1　全国健康保険協会は、毎事業年度、事業計画及び予算を作成し、当該事業年度開始前に、厚生労働大臣の認可を受けなければならない。これを変更しようとするときも、同様とする。厚生労働大臣は、この場合には、あらかじめ、［ A ］に協議しなければならない。

2　全国健康保険協会は、毎事業年度の決算を翌事業年度の［ B ］までに完結しなければならない。

3　全国健康保険協会は、毎事業年度、貸借対照表、損益計算書、利益の処分又は損失の処理に関する書類その他厚生労働省令で定める書類及びこれらの附属明細書を作成し、これに当該事業年度の事業報告書及び決算報告書を添え、［ C ］の意見を付けて、決算完結後［ D ］以内に厚生労働大臣に提出し、その承認を受けなければならない。

4　全国健康保険協会は、上記３の規定による厚生労働大臣の承認を受けたときは、遅滞なく、財務諸表を官報に公告し、かつ、財務諸表及び事業報告書等並びに［ C ］の意見を記載した書面を、各事務所に備えて置き、厚生労働省令で定める期間、［ E ］の閲覧に供しなければならない。

選択肢

① １か月	② ２か月	③ ３か月	④ ３月31日
⑤ ４か月	⑥ ４月30日	⑦ ５月20日	⑧ ５月31日
⑨ 一般	⑩ 運営委員会	⑪ 会計監査人	⑫ 関係者
⑬ 監事	⑭ 監事及び会計監査人	⑮ 監事又は会計監査人	
⑯ 財務大臣	⑰ 社会保障審議会	⑱ 地方厚生局の職員等	
⑲ 内閣	⑳ 被保険者		

解　答

A　⑯　財務大臣　（法７条の42）
B　⑧　５月31日　（法７条の28）
C　⑭　監事及び会計監査人　（法７条の28）
D　②　２か月　（法７条の28）
E　⑨　一般　（法７条の28）

完成文

1　全国健康保険協会は、毎事業年度、事業計画及び予算を作成し、当該事業年度開始前に、厚生労働大臣の認可を受けなければならない。これを変更しようとするときも、同様とする。厚生労働大臣は、この場合には、あらかじめ、財務大臣に協議しなければならない。

2　全国健康保険協会は、毎事業年度の決算を翌事業年度の５月31日までに完結しなければならない。

3　全国健康保険協会は、毎事業年度、貸借対照表、損益計算書、利益の処分又は損失の処理に関する書類その他厚生労働省令で定める書類及びこれらの附属明細書を作成し、これに当該事業年度の事業報告書及び決算報告書を添え、監事及び会計監査人の意見を付けて、決算完結後２か月以内に厚生労働大臣に提出し、その承認を受けなければならない。

4　全国健康保険協会は、上記３の規定による厚生労働大臣の承認を受けたときは、遅滞なく、財務諸表を官報に公告し、かつ、財務諸表及び事業報告書等並びに監事及び会計監査人の意見を記載した書面を、各事務所に備えて置き、厚生労働省令で定める期間、一般の閲覧に供しなければならない。

問題59　全国健康保険協会(3)

難易度 A

Check欄 A□□□ B□□□ C□□□ D□□□ E□□□

1　協会は、その業務に要する費用に充てるため必要な場合において、厚生労働大臣の認可を受けて、短期借入金をすることができる。

2　上記1の規定による短期借入金は、当該［　A　］に償還しなければならない。ただし、資金の不足のため償還することができないときは、その償還することができない金額に限り、厚生労働大臣の認可を受けて、これを借り換えることができる。

3　上記2ただし書の規定により借り換えた短期借入金は、［　B　］に償還しなければならない。

4　厚生労働大臣は、上記1・上記2ただし書の認可をしようとするときは、あらかじめ、［　C　］に協議しなければならない。

5　協会は、毎事業年度末において、当該事業年度及びその直前の［　D　］内において行った保険給付に要した費用の額(前期高齢者納付金等、後期高齢者支援金等及び日雇拠出金並びに介護納付金の納付に要した費用の額(前期高齢者交付金がある場合には、これを控除した額)を含み、国庫補助の額を除く。)の一事業年度当たりの平均額の［　E　］に相当する額に達するまでは、当該事業年度の剰余金の額を準備金として積み立てなければならない。

選択肢

① １年６か月以内	② １年以内	③ ２事業年度
④ ３事業年度	⑤ ３年以内	⑥ ４事業年度
⑦ ５事業年度	⑧ ５年以内	⑨ 12分の１
⑩ 12分の３	⑪ 12分の５	⑫ 12分の７
⑬ 運営委員会	⑭ 財務大臣	⑮ 事業年度内
⑯ 社会保障審議会	⑰ 遅滞なく	⑱ 地方厚生局長
⑲ 翌事業年度内	⑳ 翌々事業年度内	

解　答

A　⑮　事業年度内　（法７条の31）
B　②　１年以内　（法７条の31）
C　⑭　財務大臣　（法７条の42）
D　③　２事業年度　（令46条）
E　⑨　12分の１　（令46条）

完成文

1　協会は、その業務に要する費用に充てるため必要な場合において、厚生労働大臣の認可を受けて、短期借入金をすることができる。

2　上記1の規定による短期借入金は、当該事業年度内に償還しなければならない。ただし、資金の不足のため償還することができないときは、その償還することができない金額に限り、厚生労働大臣の認可を受けて、これを借り換えることができる。

3　上記2ただし書の規定により借り換えた短期借入金は、1年以内に償還しなければならない。

4　厚生労働大臣は、上記1・上記2ただし書の認可をしようとするときは、あらかじめ、財務大臣に協議しなければならない。

5　協会は、毎事業年度末において、当該事業年度及びその直前の2事業年度内において行った保険給付に要した費用の額（前期高齢者納付金等、後期高齢者支援金等及び日雇拠出金並びに介護納付金の納付に要した費用の額（前期高齢者交付金がある場合には、これを控除した額）を含み、国庫補助の額を除く。）の一事業年度当たりの平均額の12分の1に相当する額に達するまでは、当該事業年度の剰余金の額を準備金として積み立てなければならない。

問題60　健康保険組合(1)　難易度 C

Check欄 A□□□ B□□□ C□□□ D□□□ E□□□

1　健康保険組合は、適用事業所の事業主、その適用事業所に使用される被保険者及び任意継続被保険者をもって組織する。

2　一又は二以上の事業所について常時［　A　］以上の被保険者を使用する事業主は、当該一又は二以上の適用事業所について、健康保険組合を設立することができる。また、適用事業所の事業主は、共同して健康保険組合を設立することができるが、この場合において、被保険者の数は、合算して常時［　B　］以上でなければならない。

3　適用事業所の事業主は、健康保険組合を設立しようとするときは、健康保険組合を設立しようとする適用事業所に使用される被保険者の［　C　］の同意を得て、規約を作り、厚生労働大臣の認可を受けなければならない。

4　健康保険組合は、次に掲げる理由により解散する。なお、健康保険組合は、下記ア又はイの理由により解散しようとするときは、厚生労働大臣の認可を受けなければならない。

ア　組合会議員の定数の［　D　］の多数による組合会の議決

イ　健康保険組合の事業の継続の不能

ウ　第29条第２項の規定による解散の命令

5　［　E　］は、解散により消滅した健康保険組合の権利義務を承継する。

選択肢

①　2分の1以上　②　3分の1以上　③　3分の2以上
④　4分の1以上　⑤　4分の3以上　⑥　5分の2以上
⑦　5分の4以上　⑧　100人　⑨　300人　⑩　500人
⑪　700人　⑫　1,000人　⑬　2,000人　⑭　3,000人
⑮　5,000人　⑯　過半数　⑰　協会
⑱　健康保険組合連合会　⑲　国民健康保険組合　⑳　政府

解　答

A　⑪　700人　　（令1条の3）
B　⑭　3,000人　　（令1条の3）
C　①　2分の1以上　（法12条）
D　⑤　4分の3以上　（法26条）
E　⑰　協会　　（法26条）

完成文

1　健康保険組合は、適用事業所の事業主、その適用事業所に使用される被保険者及び**任意継続被保険者**をもって組織する。

2　一又は二以上の事業所について常時700人以上の被保険者を使用する事業主は、当該一又は二以上の適用事業所について、健康保険組合を設立することができる。また、適用事業所の事業主は、共同して健康保険組合を設立することができるが、この場合において、被保険者の数は、合算して常時3,000人以上でなければならない。

3　適用事業所の事業主は、健康保険組合を設立しようとするときは、健康保険組合を設立しようとする適用事業所に使用される被保険者の２分の１以上の同意を得て、規約を作り、厚生労働大臣の認可を受けなければならない。

4　健康保険組合は、次に掲げる理由により解散する。なお、健康保険組合は、下記ア又はイの理由により解散しようとするときは、厚生労働大臣の認可を受けなければならない。

ア　組合会議員の定数の４分の３以上の多数による組合会の議決

イ　健康保険組合の事業の継続の不能

ウ　第29条第２項の規定による解散の命令

5　協会は、解散により消滅した健康保険組合の権利義務を承継する。

問題61　健康保険組合(2)　難易度 B

Check欄 A□□□ B□□□ C□□□ D□□□ E□□□

1　健康保険組合がその設立事業所を増加させ、又は減少させようとするときは、その増加又は減少に係る適用事業所の事業主の［　A　］及びその適用事業所に使用される被保険者の［　B　］の同意を得なければならない。健康保険組合が設立事業所を減少させるときは、健康保険組合の被保険者である組合員の数が、設立事業所を減少させた後においても、常時700人以上(健康保険組合を共同して設立している場合にあっては、常時3,000人以上)でなければならない。

2　健康保険組合に、組合会を置く。組合会は、組合会議員をもって組織する。

3　健康保険組合に、役員として理事及び監事を置く。

4　理事のうち一人を理事長とし、設立事業所の事業主の選定した組合会議員である理事のうちから、理事が選挙する。

5　監事は、組合会において、設立事業所の事業主の選定した組合会議員及び被保険者である組合員の互選した組合会議員のうちから、それぞれ［　C　］を選挙する。

6　健康保険組合は、毎事業年度末において、当該事業年度及びその直前の２事業年度内において行った保険給付に要した費用の額(被保険者又はその被扶養者が法第63条第３項第３号に掲げる病院若しくは診療所又は薬局から受けた療養に係る保険給付に要した費用の額を除く。)の一事業年度当たりの平均額の［　D　］(当分の間は12分の２)に相当する額と当該事業年度及びその直前の２事業年度内において行った前期高齢者納付金等、後期高齢者支援金等及び日雇拠出金並びに介護納付金の納付に要した費用の額(前期高齢者交付金がある場合には、これを控除した額)の一事業年度当たりの平均額の12分の１に相当する額とを合算した額に達するまでは、当該事業年度の剰余金の額を準備金として積み立てなければならない。

7　健康保険組合は、毎年度終了後 [E] 以内に、事業及び決算に関する報告書を作成し、厚生労働大臣に提出しなければならない。

選択肢

① １か月	② １人	③ ２か月	④ ２人
⑤ ２分の１以上	⑥ ３人	⑦ ３分の１以上	
⑧ ３分の２以上	⑨ ４か月	⑩ ４人	
⑪ ４分の１以上	⑫ ４分の３以上	⑬ ５分の４以上	
⑭ ６か月	⑮ 12分の１	⑯ 12分の３	⑰ 12分の５
⑱ 12分の７	⑲ 過半数	⑳ 全部	

解　答

A　⑳　全部　　　　（法25条）
B　⑤　２分の１以上　（法25条）
C　②　１人　　　　（法21条）
D　⑯　12分の３　　（令46条）
E　⑭　６か月　　　（令24条）

完成文

1　健康保険組合がその設立事業所を増加させ、又は減少させようとするときは、その増加又は減少に係る適用事業所の事業主の全部及びその適用事業所に使用される被保険者の2分の1以上の同意を得なければならない。健康保険組合が設立事業所を減少させるときは、健康保険組合の被保険者である組合員の数が、設立事業所を減少させた後においても、常時**700**人以上(健康保険組合を共同して設立している場合にあっては、常時**3,000**人以上)でなければならない。

2　健康保険組合に、組合会を置く。組合会は、**組合会議員**をもって組織する。

3　健康保険組合に、役員として理事及び監事を置く。

4　理事のうち一人を理事長とし、設立事業所の事業主の選定した**組合会議員**である理事のうちから、理事が選挙する。

5　監事は、組合会において、設立事業所の事業主の選定した組合会議員及び被保険者である組合員の互選した組合会議員のうちから、それぞれ1人を選挙する。

6　健康保険組合は、毎事業年度末において、当該事業年度及びその直前の**2事業年度**内において行った保険給付に要した費用の額(被保険者又はその被扶養者が法第63条第3項第3号に掲げる病院若しくは診療所又は薬局から受けた療養に係る保険給付に要した費用の額を除く。)の一事業年度当たりの平均額の12分の3(当分の間は12分の2)に相当する額と当該事業年度及びその直前の**2事業年度**内において行った**前期高齢者納付金**等、**後期高齢者支援金**等及び**日雇拠出金**並びに**介護納付金**の納付に要した費用の額(**前期高齢者交付金**がある場合には、これを控除した額)の一事業年度当たりの平均額の**12分の1**に相当する額とを合算した額に達するまでは、当該事業年度の剰余金の額を**準備金**として積み立てなければならない。

7　健康保険組合は、毎年度終了後6か月以内に、事業及び決算に関する報告書を作成し、厚生労働大臣に提出しなければならない。

問題62　健康保険組合(3)　難易度 A

Check欄 A□□□ B□□□ C□□□ D□□□ E□□□

1　健康保険事業の収支が均衡しない健康保険組合であって政令で定める要件に該当するものとして［ A ］の指定を受けたもの（［ B ］）は、政令で定めるところにより、その［ C ］に関する計画（以下「［ D ］」という。）を定め、［ A ］の承認を受けなければならず、これを変更しようとするときも同様である。

2　当該承認を受けた［ B ］は、当該承認に係る［ D ］に従い、その事業を行わなければならず、［ A ］は、［ D ］に係る承認を受けた［ B ］の事業及び［ E ］によりその［ D ］を変更する必要があると認めるときは、当該［ B ］に対し、期限を定めて、当該［ D ］の変更を求めることができる。

3　上記1に規定する［ D ］は、上記1の規定による指定の日の属する年度の翌年度を初年度とする3か年間の計画とする。

選択肢

①　改善計画　②　規約　③　給付と負担の健全化
④　給付と負担の適正化　⑤　組合員数　⑥　健全化計画
⑦　厚生労働大臣　⑧　合理化計画　⑨　財産の状況
⑩　財政再建健康保険組合　⑪　財政の健全化
⑫　財政の合理化　⑬　市町村長　⑭　指定健康保険組合
⑮　地方厚生局長　⑯　適性化計画　⑰　特定健康保険組合
⑱　特別健康保険組合　⑲　都道府県知事
⑳　付加給付の内容

解　答

A　⑦　厚生労働大臣　（法28条）
B　⑭　指定健康保険組合　（法28条）
C　⑪　財政の健全化　（法28条）
D　⑥　健全化計画　（法28条、令30条）
E　⑨　財産の状況　（法28条）

完成文

1　健康保険事業の収支が均衡しない健康保険組合であって政令で定める要件に該当するものとして厚生労働大臣の指定を受けたもの（指定健康保険組合）は、政令で定めるところにより、その財政の健全化に関する計画（以下「健全化計画」という。）を定め、厚生労働大臣の承認を受けなければならず、これを変更しようとするときも同様である。

2　当該承認を受けた指定健康保険組合は、当該承認に係る健全化計画に従い、その事業を行わなければならず、厚生労働大臣は、健全化計画に係る承認を受けた指定健康保険組合の事業及び財産の状況によりその健全化計画を変更する必要があると認めるときは、当該指定健康保険組合に対し、期限を定めて、当該健全化計画の変更を求めることができる。

3　上記１に規定する健全化計画は、上記１の規定による指定の日の属する年度の翌年度を初年度とする３か年間の計画とする。

問題63　健康保険組合(4)　難易度 B

Check欄 A□□□ B□□□ C□□□ D□□□ E□□□

1　合併により設立された健康保険組合又は合併後存続する健康保険組合のうち次の要件のいずれにも該当する合併に係るもの(地域型健康保険組合)は、当該合併が行われた日の属する年度及びこれに続く［　A　］か年度に限り、［　B　］の範囲内において、［　C　］を決定することができ、この［　C　］の決定は、厚生労働大臣の認可を受けなければならない。

ア　合併前の健康保険組合の設立事業所がいずれも［　D　］にあること

イ　当該合併が指定健康保険組合、被保険者の数が700人(共同設立の場合、合算して3,000人)に満たなくなった健康保険組合その他事業運営基盤の安定が必要と認められる健康保険組合として厚生労働省令で定めるもの(財源率が［　E　］を超えるもの)を含むこと

2　上記１に規定する地域型健康保険組合は、上記１の認可を受けようとするときは、合併前の健康保険組合を単位として［　C　］を設定することとし、当該一般保険料率並びにこれを適用すべき被保険者の要件及び期間について、当該地域型健康保険組合の組合会において組合会議員の定数の３分の２以上の多数により議決しなければならない。

選択肢

①　2　②　3　③　4　④　5
⑤　1000分の30から1000分の130　⑥　1000分の30から1000分の95
⑦　1000分の35から1000分の90　⑧　1000分の66から1000分の91
⑨　1000分の80　⑩　1000分の90　⑪　1000分の95
⑫　1000分の100　⑬　均一の一般保険料率
⑭　定額の一般保険料額　⑮　定額の介護保険料額
⑯　同一市町村の区域　⑰　同一都道府県の区域
⑱　同一の地方厚生局が管轄する区域
⑲　同一の年金事務所が管轄する区域　⑳　不均一の一般保険料率

解　答

A　④　５　（法附則３条の２）
B　⑤　1000分の30から1000分の130　（法附則３条の２）
C　⑳　不均一の一般保険料率　（法附則３条の２、令25条の２）
D　⑰　同一都道府県の区域　（法附則３条の２）
E　⑪　1000分の95　（則170条の２）

完成文

1　合併により設立された健康保険組合又は合併後存続する健康保険組合のうち次の要件のいずれにも該当する合併に係るもの（地域型健康保険組合）は、当該合併が行われた日の属する年度及びこれに続く5か年度に限り、1000分の30から1000分の130の範囲内において、不均一の一般保険料率を決定することができ、この不均一の一般保険料率の決定は、厚生労働大臣の認可を受けなければならない。

ア　合併前の健康保険組合の設立事業所がいずれも同一都道府県の区域にあること

イ　当該合併が指定健康保険組合、被保険者の数が700人（共同設立の場合、合算して3,000人）に満たなくなった健康保険組合その他事業運営基盤の安定が必要と認められる健康保険組合として厚生労働省令で定めるもの（財源率が1000分の95を超えるもの）を含むこと

2　上記1に規定する地域型健康保険組合は、上記1の認可を受けようとするときは、合併前の健康保険組合を単位として不均一の一般保険料率を設定することとし、当該一般保険料率並びにこれを適用すべき被保険者の要件及び期間について、当該地域型健康保険組合の組合会において組合会議員の定数の3分の2以上の多数により議決しなければならない。

問題64　健康保険組合連合会 改正　難易度 A

Check欄 A□□□ B□□□ C□□□ D□□□ E□□□

1　健康保険組合は、共同してその目的を達成するため、［A］を設立することができる。

2　健康保険組合が管掌する健康保険の［B］、保健事業及び福祉事業の実施又は健康保険組合に係る前期高齢者納付金等、後期高齢者支援金等、日雇拠出金、介護納付金若しくは流行初期医療確保拠出金等の納付に要する費用の［C］を調整するため、［A］は、政令で定めるところにより、会員である健康保険組合に対する［D］の交付の事業を行う。

3　健康保険組合は、上記2の事業に要する費用に充てるため、［A］に対し、政令で定めるところにより、拠出金を拠出する。

4　健康保険組合は、上記3の拠出金の拠出に要する費用に充てるため、［E］を徴収する。

5　国は、政令で定めるところにより、［A］に対し、政令で定める健康保険組合に対する上記2の［D］の交付に要する費用について、予算の範囲内で、その一部を負担する。

選択肢

①　医療に関する給付　②　額　③　拠出の方法
④　健康保険組合連合会　⑤　交付金　⑥　財源の不均衡
⑦　財政安定化基金　⑧　削減　⑨　支援金
⑩　修正保険料　⑪　傷病手当金　⑫　調整金
⑬　調整保険料　⑭　特定健康保険組合　⑮　特定保険料
⑯　特別健康保険組合　⑰　特別保険料　⑱　付加給付
⑲　負担金　⑳　保険給付

解　答

A　④　**健康保険組合連合会**　（法184条、法附則２条、２条の２）
B　①　**医療に関する給付**　（法附則２条）
C　⑥　**財源の不均衡**　（法附則２条）
D　⑤　**交付金**　（法附則２条、２条の２）
E　⑬　**調整保険料**　（法附則２条）

完成文

1　健康保険組合は、共同してその目的を達成するため、健康保険組合連合会を設立することができる。

2　健康保険組合が管掌する健康保険の医療に関する給付、保健事業及び福祉事業の実施又は健康保険組合に係る**前期高齢者納付金**等、**後期高齢者支援金**等、**日雇拠出金**、**介護納付金**若しくは**流行初期医療確保拠出金**等の納付に要する費用の財源の不均衡を**調整**するため、健康保険組合連合会は、政令で定めるところにより、会員である健康保険組合に対する交付金の交付の事業を行う。

3　健康保険組合は、上記２の事業に要する費用に充てるため、健康保険組合連合会に対し、政令で定めるところにより、拠出金を拠出する。

4　健康保険組合は、上記３の拠出金の拠出に要する費用に充てるため、調整保険料を徴収する。

5　国は、政令で定めるところにより、健康保険組合連合会に対し、政令で定める健康保険組合に対する上記２の交付金の交付に要する費用について、**予算の範囲内で、その一部を負担**する。

問題65　調整保険料率　難易度 A

Check欄 A□□□ B□□□ C□□□ D□□□ E□□□

1　調整保険料率は、基本調整保険料率に［ A ］を乗じて得た率とする。

2　基本調整保険料率は、交付金の総額の見込額を健康保険組合連合会の会員である全健康保険組合の組合員である被保険者の標準報酬月額の総額及び標準賞与額の総額の合算額の見込額で除して得た率として［ B ］が定める率とする。

3　［ A ］は、各健康保険組合につき、［ C ］の健康保険組合連合会の会員である全健康保険組合の平均の［ C ］に対する比率を基準として、［ D ］が定める。ただし、［ B ］の定める率を超えてはならない。

4　［ E ］と調整保険料率とを合算した率の変更が生じない［ E ］の変更の決定は、［ B ］の認可を受けることを要しない。この決定をしたときは、当該変更後の［ E ］を［ B ］に届け出なければならない。

選択肢

①　一般保険料率　②　医療給付率　③　健康保険組合連合会
④　後期高齢者支援金等　⑤　厚生労働大臣
⑥　高齢者加入率　⑦　市町村長
⑧　社会保険診療報酬支払基金　⑨　社会保障審議会
⑩　修正率　⑪　所要保険料額　⑫　前期高齢者納付金等
⑬　地方厚生局長　⑭　中央社会保険医療協議会
⑮　調整保険料率　⑯　都道府県知事　⑰　負担率
⑱　保険給付額　⑲　保険料総額　⑳　見込所要保険料率

解　答

A　⑩　修正率　（令67条）
B　⑤　厚生労働大臣　（令67条）
C　⑳　見込所要保険料率　（令67条）
D　③　健康保険組合連合会　（令67条）
E　①　一般保険料率　（法附則2条）

完成文

1　調整保険料率は、基本調整保険料率に修正率を乗じて得た率とする。

2　基本調整保険料率は、交付金の総額の見込額を健康保険組合連合会の会員である全健康保険組合の組合員である被保険者の標準報酬月額の総額及び標準賞与額の総額の合算額の見込額で除して得た率として厚生労働大臣が定める率とする。

3　修正率は、各健康保険組合につき、見込所要保険料率の健康保険組合連合会の会員である全健康保険組合の平均の見込所要保険料率に対する比率を基準として、健康保険組合連合会が定める。ただし、厚生労働大臣の定める率を超えてはならない。

4　一般保険料率と調整保険料率とを合算した率の変更が生じない一般保険料率の変更の決定は、厚生労働大臣の認可を受けることを要しない。この決定をしたときは、当該変更後の一般保険料率を厚生労働大臣に届け出なければならない。

問題66　不服申立て

難易度 B

Check欄 A□□□ B□□□ C□□□ D□□□ E□□□

1　被保険者の資格、［　A　］又は保険給付に関する処分に不服がある者は、［　B　］に対して審査請求をし、その決定に不服がある者は、［　C　］に対して再審査請求をすることができる。

2　審査請求をした日から［　D　］以内に決定がないときは、審査請求人は、［　B　］が審査請求を棄却したものとみなすことができる。

3　上記１の審査請求及び再審査請求は、時効の完成猶予及び更新に関しては、［　E　］とみなす。

4　保険料等の賦課若しくは徴収の処分又は第180条の規定による処分に不服がある者は、［　C　］に対して審査請求をすることができる。

5　上記１に規定する処分の取消しの訴えは、当該処分についての審査請求に対する［　B　］の決定を経た後でなければ、提起することができない。

選択肢

①　２か月　②　３か月　③　30日　④　50日
⑤　異議申立て　⑥　厚生労働大臣　⑦　国庫補助
⑧　裁判所　⑨　裁判上の請求　⑩　社会保険審査会
⑪　社会保険審査官　⑫　政府　⑬　全国健康保険協会
⑭　都道府県知事　⑮　被扶養者の認定　⑯　標準報酬
⑰　不正利得の徴収　⑱　不服申立ての前置　⑲　保険者
⑳　保険者の決定

解　答

A　⑯　標準報酬　　　（法189条）
B　⑪　社会保険審査官　（法189条、192条）
C　⑩　社会保険審査会　（法189条、190条）
D　①　２か月　　　　（法189条）
E　⑨　裁判上の請求　（法189条）

完成文

1　被保険者の資格、標準報酬又は保険給付に関する処分に不服がある者は、社会保険審査官に対して審査請求をし、その決定に不服がある者は、社会保険審査会に対して再審査請求をすることができる。

2　審査請求をした日から２か月以内に決定がないときは、審査請求人は、社会保険審査官が審査請求を棄却したものとみなすことができる。

3　上記１の審査請求及び再審査請求は、時効の完成猶予及び更新に関しては、裁判上の請求とみなす。

4　保険料等の賦課若しくは徴収の処分又は第180条の規定による処分に不服がある者は、社会保険審査会に対して審査請求をすることができる。

5　上記１に規定する処分の取消しの訴えは、当該処分についての審査請求に対する社会保険審査官の決定を経た後でなければ、提起することができない。

問題67　時効その他(1)　難易度 B

Check欄 A□□□ B□□□ C□□□ D□□□ E□□□

1　保険料等を徴収し、又はその還付を受ける権利及び保険給付を受ける権利は、これらを行使することができる時から［ A ］を経過したときは、時効によって消滅する。この場合、消滅時効の起算日は、療養費は［ B ］、高額療養費は［ C ］、傷病手当金は［ D ］、出産手当金は労務に服さなかった日ごとにその翌日、移送費は［ E ］、埋葬料は死亡の日の翌日、埋葬に要した費用に相当する金額は埋葬を行った日の翌日である。

2　保険料等の納入の告知又は督促は、時効の更新の効力を有する。

選択肢

① 1年　② 2年　③ 3年　④ 5年
⑤ 移送に係る療養を受けた日
⑥ 移送に係る療養を受けた日の翌日
⑦ 移送に要した費用を支払った日
⑧ 移送に要した費用を支払った日の翌日　⑨ 診療を受けた日
⑩ 診療を受けた日の属する月の末日
⑪ 診療を受けた日の翌月の１日　⑫ 診療を受けた日の翌日
⑬ 待期満了の日　⑭ 待期満了の翌日
⑮ 療養に要した費用を支払った日
⑯ 療養に要した費用を支払った日の翌日　⑰ 療養を受けた日
⑱ 療養を受けた日の翌日　⑲ 労務不能であったその日
⑳ 労務不能であった日ごとにその翌日

解　答

A　②　２年　（法193条）
B　⑯　療養に要した費用を支払った日の翌日
　　　　（S31．９．17保険発170）
C　⑪　診療を受けた日の翌月の１日
　　　　（S48．11．７保険発99・庁保険発21）
D　⑳　労務不能であった日ごとにその翌日
　　　　（S30．９．７保険発199）
E　⑧　移送に要した費用を支払った日の翌日
　　　　（法193条）

完成文

1　保険料等を徴収し、又はその還付を受ける権利及び保険給付を受ける権利は、これらを行使することができる時から２年を経過したときは、時効によって消滅する。この場合、消滅時効の起算日は、療養費は療養に要した費用を支払った日の翌日、高額療養費は診療を受けた日の翌月の１日、傷病手当金は労務不能であった日ごとにその翌日、出産手当金は労務に服さなかった日ごとにその翌日、移送費は移送に要した費用を支払った日の翌日、埋葬料は死亡の日の翌日、埋葬に要した費用に相当する金額は埋葬を行った日の翌日である。

2　保険料等の納入の告知又は督促は、時効の更新の効力を有する。

問題68　時効その他(2)　難易度 A

Check欄 A□□□ B□□□ C□□□ D□□□ E□□□

1　[A] は、被保険者の [B] に関して必要があると認めるときは、事業主に対し、文書その他の物件の提出若しくは提示を命じ、又は当該職員をして事業所に立ち入って関係者に質問し、若しくは帳簿書類その他の物件を検査させることができる。

2　日本年金機構は、被保険者の [C] に関して必要があると認めるときは、事業主に対し、文書その他の物件の提出若しくは提示を命じ、又は日本年金機構の職員をして事業所に立ち入って関係者に質問し、若しくは帳簿書類その他の物件を検査させることができる。

3　協会は、被保険者の [D] に関して必要があると認めるときは、事業主に対し、文書その他の物件の提出若しくは提示を命じ、又は協会の職員をして事業所に立ち入って関係者に質問し、若しくは帳簿書類その他の物件を検査させることができる。

4　[A] は、保険医療機関若しくは保険薬局又は指定訪問看護事業者の指定に関し必要があると認めるときは、当該指定に係る開設者若しくは管理者又は申請者の [E] につき、当該社会保険料を徴収する者に対し、必要な書類の閲覧又は資料の提供を求めることができる。

選択肢

① 厚生労働大臣　② 資格
③ 資格、標準報酬、保険料又は保険給付
④ 資格、標準報酬又は保険給付　⑤ 資格、標準報酬又は保険料
⑥ 資格、保険料又は保険給付　⑦ 資格又は標準報酬
⑧ 資格又は保険料　⑨ 市町村長
⑩ 社会保険料の納付状況　⑪ 前年度の所得
⑫ 地方厚生局長　⑬ 都道府県知事　⑭ 被扶養者の数
⑮ 標準報酬　⑯ 標準報酬又は保険料　⑰ 保険給付
⑱ 保険給付の受給状況　⑲ 保険料
⑳ 保険料又は保険給付

解　答

A　①　厚生労働大臣　（法198条、199条）
B　③　資格、標準報酬、保険料又は保険給付　（法198条）
C　⑤　資格、標準報酬又は保険料　（法204条の５）
D　⑰　保険給付　（法204条の８）
E　⑩　社会保険料の納付状況　（法199条）

完成文

1　厚生労働大臣は、被保険者の資格、標準報酬、保険料又は保険給付に関して必要があると認めるときは、事業主に対し、文書その他の物件の提出若しくは提示を命じ、又は当該職員をして事業所に立ち入って関係者に質問し、若しくは帳簿書類その他の物件を検査させることができる。

2　日本年金機構は、被保険者の資格、標準報酬又は保険料に関して必要があると認めるときは、事業主に対し、文書その他の物件の提出若しくは提示を命じ、又は日本年金機構の職員をして事業所に立ち入って関係者に質問し、若しくは帳簿書類その他の物件を検査させることができる。

3　協会は、被保険者の保険給付に関して必要があると認めるときは、事業主に対し、文書その他の物件の提出若しくは提示を命じ、又は協会の職員をして事業所に立ち入って関係者に質問し、若しくは帳簿書類その他の物件を検査させることができる。

4　厚生労働大臣は、保険医療機関若しくは保険薬局又は指定訪問看護事業者の指定に関し必要があると認めるときは、当該指定に係る開設者若しくは管理者又は申請者の社会保険料の納付状況につき、当該社会保険料を徴収する者に対し、必要な書類の閲覧又は資料の提供を求めることができる。

第2章 健康保険法（過去本試験問題）

問題１　平成26年（改題）　難易度 B

Check欄 A□□□ B□□□ C□□□ D□□□ E□□□

1　特例退職被保険者の標準報酬月額は、その特定健康保険組合の前年（１月から３月までの標準報酬月額については前々年）の［　A　］における特例退職被保険者以外の全被保険者の同月の標準報酬月額を平均した額の範囲内においてその規約で定めた額を標準報酬月額の基礎となる報酬月額とみなしたときの標準報酬月額となる。

2　入院時生活療養費の額は、当該生活療養につき生活療養に要する平均的な費用の額を勘案して厚生労働大臣が定める基準により算定した費用の額（その額が現に当該生活療養に要した費用の額を超えるときは、当該現に生活療養に要した費用の額）から、平均的な家計における食費及び光熱水費の状況並びに病院及び診療所における生活療養に要する費用について［　C　］に規定する食費の基準費用額及び居住費の基準費用額に相当する費用の額を勘案して厚生労働大臣が定める額（所得の状況、病状の程度、治療の内容その他の事情をしん酌して厚生労働省令で定める者については別に定める額。以下「生活療養標準負担額」という。）を控除した額とする。

厚生労働大臣が告示で定める生活療養標準負担額は、低所得者以外の者については、以下の額となっている。なお、１日の生活療養標準負担額のうち食事の提供に係るものの額は、３食に相当する額を限度とする。

⑴　下記⑵以外の者－１日につき［　D　］円と１食につき460円又は420円との合計額

⑵　指定難病患者－１日につき［　E　］円と１食につき260円との合計額

※［　B　］は改正により削除

選択肢

①　0	②　100	③　130	④　160
⑤　210	⑥　370	⑦　340	⑧　400
⑨　３月31日	⑩　４月１日		⑪　７月１日
⑫　９月30日	⑬　介護保険法		⑭　合算額
⑮　合算額に２を乗じた額			⑯　合算額の２分の１
⑰　合算額の３分の１			⑱　健康保険法
⑲　高齢者の医療の確保に関する法律			⑳　生活保護法

解　答

A　⑫　９月30日　（法附則３条）

B　改正により削除

C　⑬　介護保険法　（法85条の２）

D　⑥　370　（H29．６．30厚労告239）

E　①　0　（H29．６．30厚労告239）

合格基準点　２点以上

問題２　平成27年

難易度 A

Check欄 A□□□ B□□□ C□□□ D□□□ E□□□

1　平成26年４月１日以降に70歳に達した被保険者が療養の給付を受けた場合の一部負担金の割合は、［ A ］から療養の給付に要する費用の額の２割又は３割となる。

例えば、標準報酬月額が28万円以上である70歳の被保険者（昭和19年９月１日生まれ）が平成27年４月１日に療養の給付を受けるとき、当該被保険者の被扶養者が67歳の妻のみである場合、厚生労働省令で定める収入の額について［ B ］であれば、保険者に申請することにより、一部負担金の割合は２割となる。なお、過去５年間に当該被保険者の被扶養者となった者は妻のみである。

本問において、災害その他の特別の事情による一部負担金の徴収猶予又は減免の措置について考慮する必要はない。

2　保険料その他健康保険法の規定による徴収金を滞納する者に督促した場合に保険者等が徴収する延滞金の割合については、同法附則第９条により当分の間、特例が設けられている。平成27年の租税特別措置法の規定による財務大臣が告示する割合は年0.8％とされたため、平成27年における特例基準割合は年1.8％となった。このため、平成27年における延滞金の割合の特例は、［ C ］までの期間については年［ D ］％とされ、［ C ］の翌日以後については年［ E ］％とされた。

選択肢

①　0.8	②　1.8	③　2.8	④　3.8
⑤　7.1	⑥　7.3	⑦　8.1	⑧　9.1

⑨　70歳に達する日　⑩　70歳に達する日の属する月
⑪　70歳に達する日の属する月の翌月　⑫　70歳に達する日の翌日
⑬　督促状による指定期限の翌日から３か月を経過する日
⑭　督促状による指定期限の翌日から６か月を経過する日
⑮　納期限の翌日から３か月を経過する日
⑯　納期限の翌日から６か月を経過する日
⑰　被保険者と被扶養者の収入を合わせて算定し、その額が383万円未満
⑱　被保険者と被扶養者の収入を合わせて算定し、その額が520万円未満
⑲　被保険者のみの収入により算定し、その額が383万円未満
⑳　被保険者のみの収入により算定し、その額が520万円未満

解　答

A　⑪　70歳に達する日の属する月の翌月　（法74条、令34条）

B　⑲　被保険者のみの収入により算定し、その額が383万円未満　（令34条）

C　⑮　納期限の翌日から３か月を経過する日　（法181条）

D　③　2.8　（法附則９条）

E　⑧　9.1　（法附則９条）

合格基準点　２点以上

問題3　平成28年(改題)　難易度 A

Check欄 A□□□ B□□□ C□□□ D□□□ E□□□

1　55歳で標準報酬月額が83万円である被保険者が、特定疾病でない疾病による入院により、同一の月に療養を受け、その療養(食事療養及び生活療養を除く。)に要した費用が1,000,000円であったとき、その月以前の12か月以内に高額療養費の支給を受けたことがない場合の高額療養費算定基準額は、252,600円＋(1,000,000円－ [A])×1％の算定式で算出され、当該被保険者に支給される高額療養費は [B] となる。また、当該被保険者に対し、その月以前の12か月以内に高額療養費が支給されている月が3か月以上ある場合(高額療養費多数回該当の場合)の高額療養費算定基準額は、 [C] となる。

2　訪問看護療養費は、健康保険法第88条第2項の規定により、厚生労働省令で定めるところにより、 [D] が必要と認める場合に限り、支給するものとされている。この指定訪問看護を受けようとする者は、同条第3項の規定により、厚生労働省令で定めるところにより、 [E] の選定する指定訪問看護事業者から、電子資格確認等により、被保険者であることの確認を受け、当該指定訪問看護を受けるものとされている。

選択肢

① 40,070円	② 42,980円	③ 44,100円
④ 44,400円	⑤ 45,820円	⑥ 80,100円
⑦ 93,000円	⑧ 140,100円	⑨ 267,000円
⑩ 558,000円	⑪ 670,000円	⑫ 842,000円
⑬ 医師	⑭ 医療機関	⑮ 介護福祉士
⑯ 看護師	⑰ 厚生労働大臣	⑱ 自己
⑲ 都道府県知事		⑳ 保険者

解　答

A　⑫　842,000円　（令42条）
B　⑤　45,820円　（令42条）
C　⑧　140,100円　（令42条）
D　⑳　保険者　（法88条）
E　⑱　自己　（法88条）

合格基準点　２点以上

問題４　平成29年

難易度 A

Check欄 A□□□ B□□□ C□□□ D□□□ E□□□

1　全国健康保険協会管掌健康保険の被保険者に係る報酬額の算定において、事業主から提供される食事の経費の一部を被保険者が負担している場合、当該食事の経費については、厚生労働大臣が定める標準価額から本人負担分を控除したものを現物給与の価額として報酬に含めるが、［　A　］を被保険者が負担している場合には報酬に含めない。

2　健康保険法第160条第４項の規定によると、全国健康保険協会（以下、本問において「協会」という。）は、都道府県別の支部被保険者及びその被扶養者の［　B　］と協会が管掌する健康保険の被保険者及びその被扶養者の［　B　］との差異によって生ずる療養の給付等に要する費用の額の負担の不均衡並びに支部被保険者の［　C　］と協会が管掌する健康保険の被保険者の［　C　］との差異によって生ずる財政力の不均衡を是正するため、政令で定めるところにより、支部被保険者を単位とする健康保険の財政の調整を行うものとされている。

3　健康保険法第90条の規定によると、指定訪問看護事業者は、指定訪問看護の事業の運営に関する基準に従い、訪問看護を受ける者の心身の状況等に応じて［　D　］適切な指定訪問看護を提供するものとされている。

4　１又は２以上の適用事業所について常時700人以上の被保険者を使用する事業主は、当該１又は２以上の適用事業所について、健康保険組合を設立することができる。また、適用事業所の事業主は、共同して健康保険組合を設立することができる。この場合において、被保険者の数は、合算して常時［　E　］人以上でなければならない。

選択肢

① 3,000	② 4,000	③ 5,000	④ 10,000

⑤ １人当たり保険給付費　⑥ 経費の２分の１以上
⑦ 経費の３分の２以上　⑧ 財政収支
⑨ 主治医の指示に基づき　⑩ 所得階級別の分布状況
⑪ 所要財源率　⑫ 総報酬額の平均額
⑬ 年齢階級別の分布状況　⑭ 標準価額の２分の１以上
⑮ 標準価額の３分の２以上　⑯ 平均標準報酬月額
⑰ 保険医療機関の指示に基づき　⑱ 保険者の指示に基づき
⑲ 保険料率　⑳ 自ら

解　答

A	⑮	標準価額の３分の２以上	（法46条、S31．8．25保文発6425）
B	⑬	年齢階級別の分布状況	（法160条）
C	⑫	総報酬額の平均額	（法160条）
D	⑳	自ら	（法90条）
E	①	3,000	（令１条の３）

合格基準点　２点以上

問題5　平成30年　難易度 A

Check欄 A□□□ B□□□ C□□□ D□□□ E□□□

1　健康保険法第2条では、「健康保険制度については、これが医療保険制度の基本をなすものであることにかんがみ、高齢化の進展、[A]、社会経済情勢の変化等に対応し、その他の医療保険制度及び後期高齢者医療制度並びにこれらに密接に関連する制度と併せてその在り方に関して常に検討が加えられ、その結果に基づき、医療保険の[B]、給付の内容及び費用の負担の適正化並びに国民が受ける医療の[C]を総合的に図りつつ、実施されなければならない。」と規定している。

2　健康保険法第102条第1項では、「被保険者が出産したときは、出産の日(出産の日が出産の予定日後であるときは、出産の予定日)[D](多胎妊娠の場合においては、98日)から出産の日[E]までの間において労務に服さなかった期間、出産手当金を支給する。」と規定している。

選択肢

① 以後42日	② 以後56日	③ 以前42日
④ 以前56日	⑤ 一元化	⑥ 医療技術の進歩
⑦ 運営の効率化	⑧ 健康意識の変化	⑨ 後42日
⑩ 後56日	⑪ 高度化	⑫ 持続可能な運営
⑬ 質の向上	⑭ 疾病構造の変化	⑮ 情報技術の進歩
⑯ 多様化	⑰ 前42日	⑱ 前56日
⑲ 民営化	⑳ 無駄の排除	

解　答

A　⑭　疾病構造の変化　(法２条)
B　⑦　運営の効率化　(法２条)
C　⑬　質の向上　(法２条)
D　③　以前42日　(法102条)
E　⑩　後56日　(法102条)

合格基準点　３点以上

問題６　令和元年

難易度 **B**

Check欄 A□□□ B□□□ C□□□ D□□□ E□□□

1　任意継続被保険者の標準報酬月額については、次のアとイに掲げる額のうちいずれか少ない額をもって、その者の標準報酬月額とする。

ア　当該任意継続被保険者が被保険者の資格を喪失したときの標準報酬月額

イ　前年(1月から3月までの標準報酬月額については、前々年)の［　A　］全被保険者の同月の標準報酬月額を平均した額(健康保険組合が当該平均した額の範囲内において規約で定めた額があるときは、当該規約で定めた額)を標準報酬月額の基礎となる報酬月額とみなしたときの標準報酬月額

2　全国健康保険協会は、毎事業年度末において、［　D　］において行った保険給付に要した費用の額(前期高齢者納付金等、後期高齢者支援金等及び日雇拠出金並びに介護納付金の納付に要した費用の額(前期高齢者交付金がある場合には、これを控除した額)を含み、健康保険法第153条及び第154条の規定による国庫補助の額を除く。)の１事業年度当たりの平均額の［　E　］に相当する額に達するまでは、当該事業年度の剰余金の額を準備金として積み立てなければならない。

※［　B　］［　C　］は改正等により削除

選択肢

①　３月31日における健康保険の
②　３月31日における当該任意継続被保険者の属する保険者が管掌する
③　４月１日から　④　４月３日から　⑤　４月４日から
⑥　４月５日から　⑦　９月30日における健康保険の
⑧　９月30日における当該任意継続被保険者の属する保険者が管掌する
⑨　12分の１　⑩　12分の３　⑪　12分の５
⑫　12分の７　⑬　当該事業年度及びその直前の２事業年度内
⑭　当該事業年度及びその直前の事業年度内
⑮　当該事業年度の直前の２事業年度内
⑯　当該事業年度の直前の３事業年度内　⑰　日
⑱　日の２日後　⑲　日の３日後　⑳　日の翌日

解　答

A　⑧　9月30日における当該任意継続被保険者の属する保険者が管掌する
(法47条)

B　改正等により削除

C　改正等により削除

D　⑬　当該事業年度及びその直前の2事業年度内　(令46条)

E　⑨　12分の1　(令46条)

合格基準点　3点以上

問題7　令和2年　難易度 A

Check欄 A□□□ B□□□ C□□□ D□□□ E□□□

1　健康保険法第82条第2項の規定によると、厚生労働大臣は、保険医療機関若しくは保険薬局に係る同法第63条第3項第1号の指定を行おうとするとき、若しくはその指定を取り消そうとするとき、又は保険医若しくは保険薬剤師に係る同法第64条の登録を取り消そうとするときは、政令で定めるところにより、［　A　］ものとされている。

2　保険医療機関又は保険薬局から療養の給付を受ける者が負担する一部負担金の割合については、70歳に達する日の属する月の翌月以後である場合であって、療養の給付を受ける月の［　B　］以上であるときは、原則として、療養の給付に要する費用の額の100分の30である。

3　50歳で標準報酬月額が41万円の被保険者が1つの病院において同一月内に入院し治療を受けたとき、医薬品など評価療養に係る特別料金が10万円、室料など選定療養に係る特別料金が20万円、保険診療に要した費用が70万円であった。この場合、保険診療における一部負担金相当額は21万円となり、当該被保険者の高額療養費算定基準額の算定式は「80,100円＋(療養に要した費用－267,000円)×1％」であるので、高額療養費は［　C　］となる。

4　健康保険法施行規則第29条の規定によると、健康保険法第48条の規定による被保険者の資格の喪失に関する届出は、様式第8号又は様式第8号の2による健康保険被保険者資格喪失届を日本年金機構又は健康保険組合(様式第8号の2によるものである場合にあっては、日本年金機構)に提出することによって行うものとするとされており、この日本年金機構に提出する様式第8号の2による届書は、［　D　］を経由して提出することができるとされている。

5　健康保険法第181条の2では、全国健康保険協会による広報及び保険料の納付の勧奨等について、「協会は、その管掌する健康保険の事業の円滑な運営が図られるよう、 E に関する広報を実施するとともに、保険料の納付の勧奨その他厚生労働大臣の行う保険料の徴収に係る業務に対する適切な協力を行うものとする。」と規定している。

選択肢

① 7,330円　② 84,430円　③ 125,570円
④ 127,670円　⑤ 社会保障審議会の意見を聴く
⑥ 住所地の市区町村長　⑦ 傷病の予防及び健康の保持
⑧ 所轄公共職業安定所長　⑨ 所轄労働基準監督署長
⑩ 前月の標準報酬月額が28万円
⑪ 前月の標準報酬月額が34万円　⑫ 全国健康保険協会理事長
⑬ 地方社会保険医療協議会に諮問する
⑭ 中央社会保険医療協議会に諮問する
⑮ 当該事業の意義及び内容　⑯ 当該事業の財政状況
⑰ 都道府県知事の意見を聴く　⑱ 標準報酬月額が28万円
⑲ 標準報酬月額が34万円　⑳ 療養環境の向上及び福祉の増進

解　答

A　⑬　地方社会保険医療協議会に諮問する　(法82条)
B　⑱　標準報酬月額が28万円　(法74条、令34条)
C　③　125,570円　(令42条、41条)
D　⑧　所轄公共職業安定所長　(則29条)
E　⑮　当該事業の意義及び内容　(法181条の2)

合格基準点　2点以上

問題８　令和３年(改題)　難易度 B

Check欄 A□□□ B□□□ C□□□ D□□□ E□□□

1　健康保険法第156条の規定による一般保険料率とは、基本保険料率と［ A ］とを合算した率をいう。基本保険料率は、一般保険料率から［ A ］を控除した率を基準として、保険者が定める。［ A ］は、各年度において保険者が納付すべき前期高齢者納付金等の額及び後期高齢者支援金等の額並びに流行初期医療確保拠出金等の額(全国健康保険協会が管掌する健康保険及び日雇特例被保険者の保険においては、［ B ］額)の合算額(前期高齢者交付金がある場合には、これを控除した額)を当該年度における当該保険者が管掌する被保険者の［ C ］の見込額で除して得た率を基準として、保険者が定める。

2　毎年３月31日における標準報酬月額等級の最高等級に該当する被保険者数の被保険者総数に占める割合が100分の1.5を超える場合において、その状態が継続すると認められるときは、その年の［ D ］から、政令で、当該最高等級の上に更に等級を加える標準報酬月額の等級区分の改定を行うことができる。ただし、その年の３月31日において、改定後の標準報酬月額等級の最高等級に該当する被保険者数の同日における被保険者総数に占める割合が［ E ］を下回ってはならない。

選択肢

①　６月１日	②　８月１日	③　９月１日
④　10月１日	⑤　100分の0.25	⑥　100分の0.5
⑦　100分の0.75	⑧　100分の１	⑨　総報酬額

⑩　総報酬額の総額
⑪　その額から健康保険法第153条及び第154条の規定による国庫補助額を控除した
⑫　その額から特定納付金を控除した
⑬　その額に健康保険法第153条及び第154条の規定による国庫補助額を加算した
⑭　その額に特定納付金を加算した
⑮　調整保険料率
⑯　特定保険料率
⑰　標準報酬月額の総額
⑱　標準報酬月額の平均額
⑲　標準保険料率
⑳　付加保険料率

解　答

A　⑯　特定保険料率　　（法156条）

B　⑪　その額から健康保険法第153条及び第154条の規定による国庫補助額を控除した　　（法160条）

C　⑩　総報酬額の総額　（法160条）

D　③　9月1日　　　　（法40条）

E　⑥　100分の0.5　　　（法40条）

合格基準点　3点以上

問題 9　令和4年　難易度 C

Check欄 A□□□ B□□□ C□□□ D□□□ E□□□

1　健康保険法第3条第1項の規定によると、特定適用事業所に勤務する短時間労働者で、被保険者となることのできる要件の1つとして、報酬（最低賃金法に掲げる賃金に相当するものとして厚生労働省令で定めるものを除く。）が1か月当たり［ A ］であることとされている。

2　保険外併用療養費の対象となる選定療養とは、「被保険者の選定に係る特別の病室の提供その他の厚生労働大臣が定める療養」をいい、厚生労働省告示「厚生労働大臣の定める評価療養、患者申出療養及び選定療養」第2条に規定する選定療養として、第1号から第11号が掲げられている。

そのうち第4号によると、「病床数が［ B ］の病院について受けた初診（他の病院又は診療所からの文書による紹介がある場合及び緊急その他やむを得ない事情がある場合に受けたものを除く。）」と規定されており、第7号では、「別に厚生労働大臣が定める方法により計算した入院期間が［ C ］を超えた日以後の入院及びその療養に伴う世話その他の看護（別に厚生労働大臣が定める状態等にある者の入院及びその療養に伴う世話その他の看護を除く。）」と規定されている。

3　被保険者（日雇特例被保険者を除く。）は、同時に2以上の事業所に使用される場合において、保険者が2以上あるときは、その被保険者の保険を管掌する保険者を選択しなければならない。この場合は、同時に2以上の事業所に使用されるに至った日から［ D ］日以内に、被保険者の氏名及び生年月日等を記載した届書を、全国健康保険協会を選択しようとするときは［ E ］に、健康保険組合を選択しようとするときは健康保険組合に提出することによって行うものとする。

選択肢

① 5	② 7	③ 10	④ 14
⑤ 90日	⑥ 120日	⑦ 150以上	⑧ 150日
⑨ 180以上	⑩ 180日	⑪ 200以上	⑫ 250以上
⑬ 63,000円以上	⑭ 85,000円以上	⑮ 88,000円以上	
⑯ 108,000円以上	⑰ 厚生労働大臣		
⑱ 全国健康保険協会の都道府県支部			
⑲ 全国健康保険協会の本部	⑳ 地方厚生局長		

解　答

A　⑮　**88,000円以上**　**（法３条）**
B　⑪　**200以上**　**（H18．9．12厚労告495）**
C　⑩　**180日**　**（H18．9．12厚労告495）**
D　③　**10**　**（則２条）**
E　⑰　**厚生労働大臣**　**（則２条）**

合格基準点　３点以上

問題10　令和５年　難易度 C

Check欄 A□□□ B□□□ C□□□ D□□□ E□□□

1　健康保険法第５条第２項によると、全国健康保険協会が管掌する健康保険の事業に関する業務のうち、被保険者の資格の取得及び喪失の確認、標準報酬月額及び標準賞与額の決定並びに保険料の徴収（任意継続被保険者に係るものを除く。）並びにこれらに附帯する業務は、［ A ］が行う。

2　健康保険法施行令第42条によると、高額療養費多数回該当の場合とは、療養のあった月以前の［ B ］以内に既に高額療養費が支給されている月数が３か月以上ある場合をいい、４か月目からは一部負担金等の額が多数回該当の高額療養費算定基準額を超えたときに、その超えた分が高額療養費として支給される。70歳未満の多数回該当の高額療養費算定基準額は、標準報酬月額が83万円以上の場合、［ C ］と定められている。

また、全国健康保険協会管掌健康保険の被保険者から健康保険組合の被保険者に変わる等、管掌する保険者が変わった場合、高額療養費の支給回数は［ D ］。

3　健康保険法第102条によると、被保険者（任意継続被保険者を除く。）が出産したときは、出産の日（出産の日が出産の予定日後であるときは、出産の予定日）以前42日（多胎妊娠の場合においては、［ E ］日）から出産の日後56日までの間において労務に服さなかった期間、出産手当金を支給する。

選択肢

① 84	② 91
③ 98	④ 105
⑤ １年６か月	⑥ ２年
⑦ ６か月	⑧ 12か月
⑨ 70歳以上の者は通算される	⑩ 44,000円
⑪ 93,000円	⑫ 140,100円
⑬ 670,000円	⑭ 厚生労働大臣
⑮ 全国健康保険協会支部	⑯ 全国健康保険協会本部
⑰ 通算されない	⑱ 通算される
⑲ 日本年金機構	⑳ 保険者の判断により通算される

解答

A　⑭　厚生労働大臣　（法５条）
B　⑧　12か月　（令42条）
C　⑫　140,100円　（令42条）
D　⑰　通算されない　（S59．９．29保険発74・庁保険発18）
E　③　98　（法102条）

合格基準点　３点以上

本試験前最後の最終チェックに必須!

2024年受験対策 全国統一公開模擬試験

2024年社会保険労務士試験直前の実力試しに最適な「全国統一公開模擬試験」は、大原の本試験予想問題も兼ねております。毎年、模擬試験からは本試験の的中問題も数多く出題されています。

社労士本試験直前の総仕上げと実力試しに大原の全国統一公開模擬試験!

1. 質の高い本試験レベルの**予想問題**
2. 本試験2回分に相当する**豊富な問題数**
3. 選択肢毎に解説の付いた**充実の解答解説冊子**付き
4. 大原人気講師による**解説講義をWeb配信**
5. 多くの受験生が利用! **全国ランキング表**付き

だから本試験前は大原の模擬試験!! 過去本試験の出題傾向を大原講師陣が徹底分析して作成した予想問題による模擬試験です。高い的中率と充実の解説が毎年好評をいただいています。

■社労士試験を知り尽くした大原だから信頼度は抜群!

全国統一公開模擬試験の受験で段階的に本番力をアップ! 本番に向けて段階的に実力をアップします!

全国統一公開模擬試験Ⅰは、本試験レベルの難度の問題を、本試験と同じ時間帯で解きます。
時間配分や解く科目順番、高難度問題への対応などのシミュレーションに最適です。
全国統一公開模擬試験Ⅱでは、全国統一公開模擬試験Ⅰで見つかった課題を踏まえて受験でき、本番力完成の仕上げができます。

全国統一公開模擬試験Ⅰ	全国統一公開模擬試験Ⅱ
選択式　8問 択一式70問	選択式　8問 択一式70問
本試験1回分	本試験1回分

高難度の論点を含む本試験レベルの問題

ご自宅で受験できます!

採点を行い、個人別成績表(ランキング・総評・正答率・偏差値など)もご郵送いたします。詳細な解説冊子も付きますので安心です。

大原人気講師による解説講義をWeb配信!

大原人気講師による模擬試験の解説講義(映像)を大原ホームページでご覧いただけます。重要論点を図解を用いて解説いたします。

■全国統一公開模擬試験　実施日程

全国統一公開模擬試験Ⅰ　全1回

7月6日(土)または7月7日(日)

全国統一公開模擬試験Ⅱ　全1回

7月27日(土)または7月28日(日)

入学金不要

全国統一公開模擬試験Ⅰ・Ⅱセット

全国統一公開模擬試験Ⅰ

全国統一公開模擬試験Ⅱ

受講料の詳細は2024年3月中旬完成予定の直前対策リーフレットをご覧ください。

■案内書のご請求はフリーダイヤルで

0120-597-008

■最新情報はホームページで

https://www.o-hara.jp/course/sharoshi

大原　社会保険労務士　検索

正誤・法改正に伴う修正について

本書掲載内容に関する正誤・法改正に伴う修正については「資格の大原書籍販売サイト　大原ブックストア」の「正誤・改正情報」よりご確認ください。

https://www.o-harabook.jp/
資格の大原書籍販売サイト 大原ブックストア

正誤表・改正表の掲載がない場合は、書籍名、発行年月日、お名前、ご連絡先を明記の上、下記の方法にてお問い合わせください。

お問い合わせ方法

【郵　送】　〒101-0065　東京都千代田区西神田２-２-10
大原出版株式会社 書籍問い合わせ係
【ＦＡＸ】　03-3237-0169
【E-mail】　shopmaster@o-harabook.jp

※お電話によるお問い合わせはお受けできません。
また、内容に関する解説指導・ご質問対応等は行っておりません。
予めご了承ください。

合格のミカタシリーズ

2024年対策
解いて覚える！社労士 選択式トレーニング問題集⑥
健康保険法

■発行年月日　2024年１月22日　改訂初版
■著　　　者　資格の大原　社会保険労務士講座
■発　行　所　大原出版株式会社
〒101-0065
東京都千代田区西神田1-2-10
TEL 03-3292-6654
■印刷・製本　株式会社メディオ

※落丁本・乱丁本はお取り替えいたします。
ISBN978-4-86783-083-3　C2032